MANIFESTO PER UNA BANCA SENZA LA BANCA

COME IL FINTECH RENDERÀ IL MONDO PIÙ SICURO

Pietro Cesati

Premessa

All'epoca non lo sapevo, ma questo libro è nato durante la Grande Recessione del 2008. Lavoravo in una grande banca italiana ed ero sempre stato critico sul nostro approccio al business. Già due anni prima, con l'ingenuità dei miei 28 anni, avevo esordito cercando di convincere l'Amministratore Delegato che non avremmo dovuto finanziare il 60% delle richieste di prestito che approvavamo, perché erano troppo rischiose.

Ora, in quel periodo proporre di tagliare il 60% dei prestiti era un'eresia, quasi quanto suggerire di chiudere direttamente la banca. La mia proposta fu ovviamente ignorata, ma continuai con proposte altrettanto bizzarre, perché ero convinto che fossimo nel mezzo di una bolla speculativa che non poteva durare all'infinito.

Nonostante questo, quando arrivò la crisi, nel 2008, impiegai mesi, o forse anni, a capire la portata di quel che stava succedendo. Non avevo idea di quanto fossero fragili le banche in cui lavoravo. Avevo studiato, come tutti, la Grande Depressione degli anni '30, ma non ne avevo capito la lezione; solo vivendo una crisi di quella portata cominciai a fare le riflessioni che mi hanno portato a fondare Soisy e a scrivere questo manifesto.

Questo libro è qualcosa di cui sentivo il bisogno per condividere il senso di quello che faccio ogni giorno. Cinque anni fa ho lasciato il mondo della banca per fondare Soisy, che da allora ha fatto passi da gigante. Ma più cresce e più vedo il pericolo di venire travolti dalla tirannia del quotidiano, con le sue conversazioni incentrate sui problemi operativi, e perdere il senso più profondo delle cose che facciamo. Con questo libro mi sono voluto costringere a spiegarlo a me, a chi lavora in Soisy, a chi ci segue dall'esterno.

Questo libro non è un trattato, ma appunto un manifesto. Non è una previsione, ma un auspicio. Non è una neutrale disamina della situazione, ma un'appassionata difesa delle tesi che sostengo. La mia è la visione dell'imprenditore, che vuole dare un contributo spiegando perché crede che quello che fa migliorerà il mondo: immagino un mondo dove i servizi finanziari sono offerti da piattaforme come quella che ho fondato, nella convinzione che ciò diminuirebbe i rischi per la società e permetterebbe di ricostruire il rapporto tra le persone e la finanza. Non posso avere la certezza che questo mondo diventerà mai reale, ma, insieme a migliaia di altre aziende fintech, mi impegno ogni giorno per realizzarlo.

Questo libro non è un'invettiva contro le banche: ci sono già troppi attacchi scomposti che le riguardano e non voglio unirmi al coro. È anzi un libro che difende il valore insostituibile delle banche per la società e cerca di indicare una via per la loro evoluzione, al di là della crisi di fiducia che le coinvolge. Quel che conta è la funzione sociale delle banche, non la forma giuridica con cui scelgono di operare.

Questo libro non è scolpito nella pietra. La mia visione si è formata in dodici anni di banca e cinque di startup. È cambiata talmente tante volte che potrei scrivere un libro dedicato solo ai miei cambi di opinione.

Ho sempre cercato di evitare di fare la fine dell'orologio fermo che segna l'ora esatta due volte al giorno. Sono quindi pronto a rivedere questo manifesto in ogni momento, sulla base dell'evoluzione del mondo e dei contributi che riceverò. Lo considero anzi come una piattaforma per il dialogo con persone interessate a questi temi e non vedo l'ora di conoscere la loro opinione. Del resto un libro di questo tipo spazia dalla tecnologia alla politica monetaria: non sono un reale esperto nella maggior parte degli argomenti trattati e qualsiasi contributo sarà il benvenuto.

*"Run on the Seamen's Savings' Bank during the Panic of 1857"
by Unknown – w:Harper's Weekly available at Library of Congress. Licensed under Public
Domain via Wikimedia Commons.*

"Birmingham Northern Rock bank run 2007" by Lee Jordan is licensed under CC BY-SA 2.0

Introduzione

L'incisione della pagina precedente mostra una folla di uomini con cilindro, panciotto e favoriti, che si accalca per ritirare i propri risparmi. Siamo a Londra, durante la crisi bancaria del 1857.

Anche la foto successiva è stata scattata nel Regno Unito, ma 150 anni più tardi, nel 2007. Pure in questo caso una folla di piccoli risparmiatori, formata da artigiani, pensionati e professionisti, si mette ordinatamente in fila per ritirare i propri risparmi durante la crisi di Northern Rock. È certamente positivo che, nel frattempo, sia molto aumentato il numero di donne con risparmi in banca, così come l'ordine della fila. Però, a parte questo, poco sembra essere cambiato nel rapporto tra i risparmiatori e la banca.

Qualcosa di diverso in realtà c'è: nel Regno Unito, tra le due crisi mostrate qui sopra, se ne è verificata solo un'altra, nel 1866. Non si tratta di un caso: la creazione delle autorità per la vigilanza bancaria, l'introduzione dei requisiti di capitale, i fondi di protezione dei conti correnti sono tutte innovazioni che hanno ridotto enormemente il rischio di crisi bancarie.

Ma si tratta di innovazioni che non sono riuscite ad annullare i rischi insiti nelle banche, come la Grande Recessione del 2008 ci ha ricordato fin troppo bene, nel momento in cui alcune banche di grande rilevanza sono fallite e hanno costretto gli Stati a intervenire pesantemente per salvare le altre.

Da allora sono stati fatti ulteriori passi avanti, ma credo che nessuno si sentirebbe di giurare che il problema sia stato risolto. Le banche sono strutturalmente fragili e altre crisi avverranno in futuro. La memoria dell'ultima è ancora viva, per il momento, ma nuove generazioni di finanzieri arriveranno alla ribalta a finanziare progetti strampalati sostenendo, come hanno fatto nelle crisi precedenti, che "questa volta la situazione è differente" e che "la nostra capacità di previsione è enormemente superiore al passato".

Tutto questo ha un costo, perché uscire dalle crisi bancarie è un processo lento che richiede fondi ingenti. Ad esempio, in occasione dell'intervento degli Stati Uniti durante la crisi del 2008, il Troubled Assets Relief Program (TARP), sono stati stanziati 700 miliardi di dollari per il sostegno al sistema bancario, una spesa imprevista pari a oltre un quinto del budget di spesa di quell'anno (e quindi superiore alla dimensione di qualsiasi altro programma di spesa sociale, come il sistema pensionistico o l'assistenza sanitaria agli anziani).

Ma questi non sono gli unici costi che sopportiamo per rendere sicure le banche: gli strumenti stessi di prevenzione delle crisi (la vigilanza, i requisiti di capitale, una normativa sempre più invadente e complicata) hanno un costo non indifferente.

Si tratta di costi che vengono sopportati dalla collettività e che impediscono l'utilizzo del denaro per obiettivi più utili, come combattere la povertà, ridurre le tasse, offrire un miglior sistema sanitario.

Fino ad oggi questi costi sono stati più che compensati dagli enormi vantaggi offerti dall'esistenza del sistema bancario: è molto difficile pensare allo sviluppo della moderna società capitalistica senza il necessario supporto delle banche nella raccolta di capitali, nell'indirizzamento del credito verso le iniziative imprenditoriali più efficienti e nella gestione dei pagamenti.

E se non si fosse sviluppata la società capitalistica non esisterebbe il nostro attuale benessere: non saremmo riusciti a combattere la povertà, a permetterci la sanità universale o il sistema pensionistico.

Per la prima volta nella storia però, il livello di sviluppo tecnologico a cui siamo arrivati suggerisce un'alternativa alle banche come le abbiamo conosciute finora.

A partire dai primi anni 2000 un numero crescente di startup ha cercato di reinventare la finanza usando le nuove tecnologie, dando così vita a quello che è stato definito come "movimento fintech" (dall'unione appunto di finanza e tecnologia).

Il fintech ormai comprende un numero enorme di iniziative disparate, dall'equity crowdfunding che permette di sottoscrivere facilmente azioni di startup, ai pagamenti via smartphone che semplificano la vita delle persone.

Due innovazioni, in particolare, promettono di abbattere i rischi sistemici, ridisegnando in maniera profonda uno scenario competitivo che negli ultimi secoli era cambiato più in termini di dimensioni che di contenuto.

La prima è il *marketplace lending*, che permette a chiunque di fare prestiti assumendo il ruolo tradizionalmente svolto dalle banche. La piattaforma che gestisce il marketplace si limita a regolare i flussi di denaro, che viene prestato direttamente da investitori privati o istituzionali.

La seconda è il *marketplace banking,* un concetto con cui descriverò la comparsa di piattaforme che si focalizzano sull'integrazione di servizi e prodotti finanziari di altre aziende, cogliendo tutti i vantaggi della specializzazione, senza per questo togliere la comodità dell'integrazione.

Prima di entrare nel dettaglio di cosa significhi tutto ciò, comincerò con lo spiegare, nel **capitolo 1**, come funzionano e come creano valore le banche attuali, mentre nel **capitolo 2** spiegherò da dove derivi la loro fragilità.

Nel **capitolo 3** entrerò nel vivo dei contenuti, parlando di marketplace lending e marketplace banking, mentre nel **capitolo 4** spiegherò come questi possano ridurre il rischio di nuove crisi.

Ogni innovazione comporta nuovi rischi, che analizzerò nel **capitolo 5**, e deve generare valore al di là della riduzione dei rischi per il sistema, di cui mi occuperò nel **capitolo 6**.

Infine nel **capitolo 7** sintetizzerò i principali concetti di questo manifesto.

Capitolo 1

La banca, una tecnologia per creare valore

In Italia, solo il 16% delle persone dichiara di fidarsi delle banche. Anche in paesi dove il sistema finanziario gode di maggiore stima, come gli Stati Uniti, il numero di persone che si fidano delle banche è molto inferiore alla maggioranza.

Eppure il sistema bancario è una tecnologia che ha avuto un ruolo essenziale per permettere alla nostra società di svilupparsi e arrivare all'attuale livello di ricchezza.

Il nostro benessere deriva infatti dalla capacità delle imprese di creare valore e questo è possibile solo grazie all'esistenza del sistema bancario, che nel tempo ha creato delle soluzioni potenti per risolvere problemi di grande importanza: strumenti di investimento per convincere chi ha denaro a disposizione a impiegarlo, strumenti di valutazione del credito per allocarlo in maniera efficiente e strumenti di pagamento per permettere a tutti di scambiare denaro in maniera sicura.

Proviamo per un attimo a pensare a cosa succederebbe se non esistessero le banche: le aziende sarebbero costrette a cercare finanziamenti nella cerchia delle loro relazioni, inevitabilmente più piccola di quella a cui può avere accesso una banca.

L'alternativa sarebbe quella di finanziarsi con fondi propri, cioè gestire il ciclo di business senza spendere un euro di più dei fondi presenti in cassa, o accumulare i fondi necessari per ogni investimento prima di spenderli, con il rischio che nel frattempo l'opportunità sia sfumata.

Tutto questo favorirebbe chi ha già denaro disponibile, per esempio perché l'ha ereditato, invece di favorire le migliori competenze.

Non ci sarebbe poi un sistema per effettuare pagamenti affidabili con controparti sconosciute, e questo limiterebbe fortemente la dimensione dei mercati, salvo ancora una volta per quei pochi con la disponibilità dei mezzi per crearsi una rete personale di contatti affidabili.

È curioso che chi accusa le banche di essere vicine ai fantomatici "poteri forti" non si renda conto che prima delle banche i poteri forti c'erano davvero, e che per un'impresa nuova era molto più difficile emergere senza conoscere le persone giuste.

Potrei andare avanti a lungo con esempi di questo tipo, perché l'elenco delle soluzioni inventate dal sistema bancario per migliorare la vita della società è lungo, e va dal mutuo residenziale alla possibilità di creare moneta elettronica.

È quindi veramente difficile pensare che la nostra società avrebbe potuto raggiungere l'attuale livello di progresso senza le banche: non ci pensiamo spesso, ma dovremmo essere tutti grati agli uomini e alle donne che negli ultimi cinque secoli hanno costruito le attuali banche pezzo dopo pezzo, piccola innovazione dopo piccola innovazione.

C'è però un motivo se la fiducia delle persone nel sistema finanziario è così bassa: da quando esistono, le banche hanno da un lato contribuito in maniera decisiva alla creazione di ricchezza e dall'altro rappresentato una minaccia incombente sul benessere della società.

Per capire meglio da dove derivi questa minaccia va innanzitutto compreso che cosa sia una banca e come generi valore, mentre vedremo nel prossimo capitolo la descrizione dei meccanismi con cui può metterlo a repentaglio.

Un buon modo per pensare a una banca è di vederla come un grande rivenditore di merce, che da un lato la acquista e dall'altro la rivende a un prezzo più alto.

Il prodotto acquistato e rivenduto è particolare, ma non del tutto diverso da qualsiasi altro: si tratta del denaro.

Immaginiamo quindi che da un lato la banca "acquisti" 10 mln di euro da diversi fornitori. Come ogni buon commerciante concorderà di non pagare immediatamente, e quindi, per esempio, si impegnerà a versare 10,1 mln tra 60 giorni. Una volta avuta la disponibilità della merce-denaro, la "rivenderà" a un prezzo ovviamente superiore, diciamo in totale 11 mln. E siccome conosce bene le esigenze dei suoi clienti, accetterà di venire ripagata tra 120 giorni.

Ovviamente alla fine dei primi 60 giorni la nostra banca, non avendo ancora incassato dai clienti, dovrà trovare altri fornitori dai quali acquistare 10,1 mln con cui pagare i primi. Si impegnerà inoltre a pagare 10,2 mln dopo 60 giorni a questo secondo gruppo.

Se tutto va bene in quel momento incasserà infatti 11 mln dai suoi clienti, coi quali ripagherà 10,2 mln ai fornitori, trattenendo un profitto di 0,8 mln (una redditività di 8% in 4 mesi, un sogno per ogni banchiere). La tabella qui sotto dovrebbe aiutare a chiarire i movimenti di denaro di ogni attore.

	Denaro pagato	Denaro ricevuto	Profitto per la banca
Fornitori 1	10,0	10,1	-0,1
Fornitori 2	10,1	10,2	-0,1
Clienti	11,0	10,0	1,0
Totale	**31,1**	**30,3**	**0,8**

I piccoli conti di un commerciante di denaro

Uscendo dalla metafora, è chiaro che gli acquisti e le vendite di cui parliamo sono in realtà prestiti, i fornitori sono i finanziatori della banca (es. i depositari) e i clienti sono chi richiede un prestito (es. un mutuo). D'ora in poi userò il termine fonti di denaro, o semplicemente "fonti", per descrivere i fondi che la banca compra e il termine "impieghi" per quelli che vende.

La metafora del rivenditore è utile per evidenziare il valore generato dalle banche, che risolvono tre problemi molto importanti legati alla concessione di finanziamenti o, per meglio dire, all'incontro tra offerta e domanda di denaro.

Il primo problema è la facilità di accesso ai prestiti: la banca è specializzata nella raccolta fondi, quindi chi ha bisogno di prendere a prestito denaro per un investimento o un acquisto non deve trovare i finanziatori uno a uno, ma può limitarsi a interagire con essa.

Il secondo è il costo di questi prestiti: i finanziatori chiedono tipicamente un maggior rendimento sui prestiti a più lungo termine; la capacità della banca di prendere i soldi di investitori che vogliono prestarli a breve e di trasformarli magicamente in prestiti a lungo termine permette di abbassarne fortemente il costo, senza dover affrontare rischi per il rifinanziamento.

Il terzo e ultimo è la gestione del rischio di insolvenza, cioè del rischio che chi viene finanziato non restituisca i soldi di un prestito: l'accentramento dell'attività di credito in un unico soggetto ha permesso di sviluppare sofisticate tecniche di valutazione dei rischi e di metterle a disposizione degli investitori, che altrimenti non avrebbero le competenze per capire a chi prestare i loro soldi.

È anche importante osservare che sia i finanziatori che i finanziati traggono benefici dalla risoluzione di questi problemi, anche se ognuno di essi è apparentemente focalizzato solo su uno dei due segmenti. La banca facilita infatti l'incontro tra domanda e offerta di denaro, e la rimozione degli ostacoli a questo incontro dà benefici a entrambe le parti.

Per esempio, il problema dell'insolvenza potrebbe sembrare rilevante solo per i finanziatori, ma lo è in realtà anche per chi prende a prestito, che ha tutto l'interesse a poter dimostrare di essere affidabile per ottenere fondi più facilmente e a minor costo. D'altro canto, il più facile accesso a credito a minor costo aumenta la domanda di finanziamenti di buona qualità, creando quindi maggiori opportunità di investimento per i finanziatori.

In realtà il funzionamento delle banche è leggermente diverso e per comprenderlo appieno vanno fatte due precisazioni, che non cambiano comunque quanto detto finora.

Innanzitutto va chiarito che la banca dispone, oltre che dei soldi che prende a prestito dai suoi fornitori, anche di capitale proprio. Nonostante quello che suggerisce il nome, non sono soldi suoi, ma dei suoi proprietari, gli azionisti, che glieli hanno dati senza una scadenza per la restituzione. Vedremo in seguito che ruolo abbiano questi fondi nell'abbattimento dei rischi, per il momento ci basta ricordare che sono una fonte di denaro addizionale, che può essere prestato esattamente come tutto il resto.

Il secondo punto da chiarire è che in genere per una banca il momento in cui vengono concessi i prestiti *precede* quello in cui vengono identificate le fonti di denaro. Detto altrimenti, la banca è perfettamente in grado di impiegare denaro anche prima di esserselo procurato.

Si tratta di un fenomeno poco noto e in un certo qual modo sorprendente, ma facilmente spiegabile seguendo il grafico presentato alla fine del paragrafo.

Immaginiamo infatti di avere appena fondato una banca versando un capitale proprio di 5 milioni di euro (in realtà in Italia servono almeno 10 milioni per farlo, ma spero che la Banca d'Italia mi perdonerà l'imprecisione).

Nel suo primo giorno di vita la banca avrà al suo attivo 5 € mln di contante e al passivo un capitale proprio di 5 € mln (che sono soldi forniti dagli azionisti che prima o poi li rivorranno indietro, quindi appunto una passività).

Il giorno successivo (giorno 2) la banca concede 10 prestiti da 1 milione di euro ciascuno, con scadenza 120 giorni; l'erogazione avviene immediatamente sui conti correnti che i clienti hanno presso la banca stessa.

La banca inserisce quindi all'attivo, tra i propri crediti, i prestiti concessi per un totale di 10 € mln (e questo non stupisce, si tratta di soldi che a un certo punto il cliente dovrà restituire, quindi un credito nei suoi confronti).

Inoltre, al momento dell'accredito, vengono creati depositi per 10 € mln sui conti dei clienti finanziati, ovvero tra le passività (e anche questo non stupisce: sono soldi di proprietà dei clienti che sono detenuti dalla banca, è abbastanza intuitivo comprendere perché siano trattati come un debito).

Questo vuol dire che con un capitale proprio per 5 € mln la banca è stata in grado di finanziare un importo di prestiti doppio, prima ancora di raccogliere fondi tra i finanziatori.

Chiaramente questo processo non può andare avanti all'infinito, per la semplice ragione che, a un certo punto, i clienti che hanno chiesto un prestito vorranno anche spenderlo. Chiederanno quindi alla banca di liquidarlo, tipicamente trasferendolo a un'altra banca.

Se per esempio al terzo giorno di operatività 5 clienti spendessero i loro depositi facendo un bonifico, questo diminuirebbe il totale dei depositi a 5 € mln ed esaurirebbe del tutto le attività liquide. Se anche uno solo dei depositanti rimanenti chiedesse di essere liquidato, la banca non potrebbe fronteggiare la sua richiesta.

È per questo motivo che all'inizio del quarto giorno la banca fa quello di cui parlavamo a inizio capitolo: si procura fondi di finanziatori per i successivi 60 giorni. In questo caso però non serve procurarsi 10 mln di fondi, ne basteranno 5 per essere sicuri di non avere problemi di liquidità.

Questo processo è quello logicamente più corretto con cui pensare a una banca: prima si finanziano i prestiti e poi si cercano i fondi per liquidarli, in base ai comportamenti dei clienti e alle condizioni con cui ci si approvvigiona di liquidità.

Alcuni clienti potrebbero infatti decidere di aspettare a spendere i soldi e altri potrebbero spenderli pagando un altro cliente della banca, senza esborso di liquidità e quindi senza costi di finanziamento ulteriori.

CAPITOLO 1

Soprattutto, in caso di necessità la banca potrà chiedere aiuto alla banca centrale, che le concederà un prestito temporaneo per far fronte alle richieste. A quel punto potrà dedicarsi con calma alla ricerca di altre fonti di denaro, attirando depositi di clienti, emettendo obbligazioni o chiedendo ad altre banche di finanziarla.

Quindi in un certo senso rimane vera la metafora della banca che compra e vende denaro, semplicemente di solito la vendita precede l'acquisto.

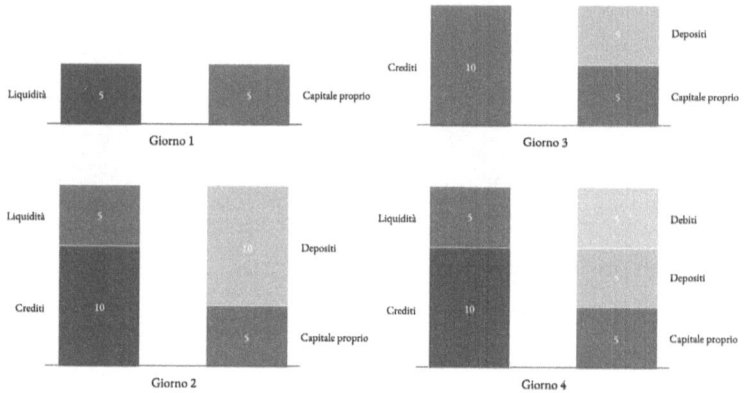

La nascita di una banca e della moneta da lei creata

Una conseguenza importante del processo che ho appena descritto è che ogni volta che approva un prestito *la banca crea nuova moneta*. Si tratta di un fenomeno poco dibattuto, ma nelle economie avanzate la nuova moneta viene effettivamente creata in larga misura dalle banche commerciali e non dalle banche centrali (nel 2014 la Bank of England ha stimato che la percentuale di moneta creata in questo modo fosse il 97% del totale).

Questo è una sorta di potere magico che hanno le banche, un potere di moltiplicare le attività che ha portato Adam Smith alla celebre me-

20

tafora della banca come una "strada attraverso l'aria", cioè una strada che aggiunge una nuova possibilità di trasporto senza consumare suolo togliendolo ad altri utilizzi, come ad esempio l'agricoltura. In questo caso sono i fondi utilizzati che vengono creati senza distoglierli da altri investimenti.

Quindi la risoluzione dei tre problemi dei clienti, di cui ho parlato in precedenza, non esaurisce la funzione sociale delle banche, che sono decisive anche nella creazione di nuova moneta, uno dei presupposti affinché l'economia possa continuare a crescere.

Lasciamo da parte ora la creazione di moneta e torniamo invece a parlare della creazione di valore per i clienti.

Un modo per descrivere sinteticamente tale valore è di dire che le banche permettono la raccolta di risparmio a breve termine per finanziare bisogni a lungo termine, abbattendo costi e rischi.

Questi rischi però non scompaiono, ma rimangono latenti all'interno della banca. Se ripensiamo all'attività di compravendita di denaro che ho descritto all'inizio del capitolo, esistono infatti:
- un rischio di liquidità: non è detto che dopo 60 giorni la banca trovi effettivamente un secondo gruppo di finanziatori con cui pagare il primo (e il costo pagato per il denaro fornito da questo secondo gruppo potrebbe comunque essere superiore);
- un rischio di insolvenza: non è detto che dopo 120 giorni i clienti paghino i loro prestiti, nel qual caso la banca non sarà in grado di ripagare il secondo gruppo di finanziatori.

In condizioni normali si tratta di rischi ragionevolmente gestibili:

nella maggior parte dei casi i due rischi di liquidità e insolvenza sono prevedibili. La dimensione delle banche e la percezione diffusa che i rischi siano bassi fa sì che esse siano per lo più in grado di rifinanziarsi; inoltre la percentuale di clienti che non ripagano quanto dovuto è solitamente bassa e stabile nel tempo.

Infine, come abbiamo visto, la banca dispone, oltre che dei soldi che prende a prestito dai suoi finanziatori, anche di capitale proprio. Torniamo all'ultimo esempio, in cui la banca ha un capitale proprio di € 5 mln. Come sappiamo, in questa situazione non avrebbe senso acquistare tutto il denaro che deve prestare, e infatti la banca si accontenterà di acquistare € 5 mln dai finanziatori, invece di € 10 mln come avevamo ipotizzato in precedenza.

Ora, se ci dovesse essere un problema, i fondi propri potrebbero essere utilizzati per ripagare il primo gruppo di finanziatori in caso di mancanza di liquidità, o il secondo in caso di mancato pagamento da parte dei clienti.

Il rapporto tra il totale delle attività e il denaro raccolto sotto forma di capitale proprio viene detto leva, perché l'utilizzo di fonti diverse da questo permette di moltiplicarne la redditività, analogamente a come fa una leva quando si esercita una forza. La banca alla fine dell'esempio avrebbe quindi una leva di 3, data dal rapporto tra 15 mln di attivi e 5 mln di capitale proprio.

Ci si potrebbe chiedere perché le banche non si limitino a usare esclusivamente il capitale, senza complicarsi la vita prendendo a prestito altri soldi. La molla che le spinge è la possibilità di aumentare la redditività per i loro azionisti, cioè il rapporto tra i profitti e il capitale.

Se la banca dell'esempio raccogliesse direttamente 10 € mln di capitale non avrebbe bisogno di finanziatori e quindi avrebbe profitti di 1 mln, capitale proprio di € 10 mln e redditività pari a 1/10 = 10%.

Usando invece solo 5 mln di capitale, i profitti scendono a 0,9 mln per la necessità di pagare i finanziatori, ma la redditività sale a 0,9/5 = 18%.

Nell'esempio (illegale e rischioso) presentato all'inizio del capitolo la redditività sarebbe infinita, perché la banca sarebbe priva di capitale proprio.

Aumentare la leva finanziaria, cioè incrementare l'utilizzo del debito invece che del capitale proprio, è un modo per aumentare la redditività.

Non è l'unico: un'altra possibilità è aumentare la differenza temporale tra la durata delle fonti di finanziamento e quella degli impieghi (nel nostro esempio, tra 60 e 120 giorni). Visto che il prezzo a cui si acquista denaro (il cosiddetto costo del denaro) tende a crescere con la durata, aumentare questa differenza permette di pagare poco le fonti di denaro e incassare tanto sugli impieghi.

Sia chiaro che non c'è nulla di male nell'aumentare la redditività, tanto più che in presenza di concorrenza questo si tradurrà almeno in parte in un abbassamento dei costi per la clientela. La leva finanziaria e la differenza tra le durate di fonti e impieghi sono anzi gli ingredienti fondamentali della magia della banca, quelli che permettono di risolvere in maniera efficiente i tre problemi dei clienti che abbiamo visto in precedenza.

È però chiaro che si tratta anche di componenti che possono aumentarne la fragilità.

Per avere più profitti, gli azionisti potrebbero infatti spingere ad incrementarle entrambe, diminuendo il cuscinetto a protezione del rischio di insolvenza e aumentando il rischio di liquidità. Non è ovviamente nel loro interesse rendere la propria azienda più fragile, ma può capitare che lo facciano inconsapevolmente. Oppure potrebbe essere la necessità di battere la concorrenza a spingerli a farlo.

Si profila quindi quella ambivalenza nel ruolo della banca, allo stesso tempo creatrice di valore e generatrice di rischio, di cui parlavo all'inizio del capitolo.

Le banche si muovono alla costante ricerca di un equilibrio tra il rischio di non essere redditizie e quello di non essere sicure; ci sono momenti in cui li corrono entrambi.

Capitolo 2

La banca, un rischio latente

Quando le cose vanno bene il banchiere che usa pochi fondi propri e presta a lunga durata è riverito come un genio della finanza, viene pagato profumatamente e troneggia sulla copertina di riviste prestigiose. Quando gira il vento e si avvicina una crisi, però, passa rapidamente dalle stelle alle stalle perché le stesse scelte che l'avevano portato al successo ora lo trascinano nella polvere.

Per capire meglio cosa succede in questi casi pensiamo a un'ipotetica banca di provincia, di quelle che hanno le filiali concentrate in una o due regioni, e seguiamola durante una crisi bancaria. Si tratta chiaramente di una situazione ipotetica e non necessariamente tutti i fallimenti bancari seguono questo schema, ma ci aiuterà a capire meglio la loro dinamica.

Osserviamo la nostra banca in un momento di crescita economica. È uno di quei momenti in cui per parecchi anni le cose sono andate bene, forse perché c'è stata un'innovazione tecnologica che ha creato ricchezza o forse solo perché non ci sono stati eventi negativi per un lungo periodo. Magari ai convegni di economisti e sui giornali c'è qualche esperto che ipotizza che le recessioni siano state sconfitte per sempre; a chi fa notare che esistono anche dei rischi si risponde che l'attuale fase economica ha basi diverse dalle altre.

Intanto l'Amministratore Delegato della banca, un atletico cinquantenne con un passato in consulenza strategica, gode della stima dei suoi colleghi e magari è stato insignito di riconoscimenti prestigiosi come quello di "Banchiere regionale dell'anno". Gli azionisti lo glorificano perché anno dopo anno è riuscito ad aumentare gli utili, che crescono molto più velocemente del PIL.

Anche i politici locali, che hanno influenzato la nomina del CdA, ne parlano con fierezza e ricordano che la banca fa tutto il possibile per "essere vicina al territorio", un'espressione che in genere significa "fare il maggior numero di prestiti a imprenditori amici, con il minor numero di garanzie". Ed effettivamente la nostra banca fa tutto il possibile per finanziare imprese e persone della sua regione, con attenzione sempre minore alla probabilità che i prestiti vengano restituiti.

Per quanto la situazione economica sia rosea, un numero crescente di aziende è insolvente, ma, in una situazione di costi del finanziamento bassi, per mantenere alti i profitti basta aumentare ancora un po' la leva finanziaria, e magari la differenza tra le durate a cui si prende a prestito e a cui si presta.

Nessuno se lo aspettava, ma, all'improvviso, ecco la crisi: un evento inatteso modifica la situazione e porta a un calo generalizzato della fiducia. Potrebbe trattarsi di un evento di politica internazionale o dell'improvvisa consapevolezza dell'insostenibilità della situazione.

Poco importa, quel che conta è l'effetto: le vendite di beni di consumo smettono di crescere, le aziende abbattono le scorte e smettono di comprare. Altre aziende di conseguenza vendono meno e questo man mano amplifica la crisi. Nel giro di pochi mesi la crescita rallenta vistosamente e questo diminuisce ulteriormente la fiducia: comincia così una fase di recessione.

Tra gli investitori professionali che prestano soldi alla banca si diffonde la cautela: magari quello in corso è un raffreddore, o magari una polmonite, perché rischiare? Inoltre quegli stessi investitori sono in buona parte altre banche, che potrebbero avere necessità di mantenere più liquidità e quindi sono restie a prestare soldi.

Il problema è che la nostra banca ha molti debiti con durata di qualche mese che devono essere continuamente rifinanziati (ricordate il commerciante di denaro che dopo 60 giorni doveva trovare nuovi fondi?). Trovare soldi per farlo non è impossibile, ma costa adesso certamente di più. E provare a sostituire debiti a breve termine con altri a più lunga scadenza è escluso, perché in questo momento costerebbe una fortuna.

Non è l'unico effetto della recessione: le aziende, che vendono meno, ricevono sempre meno liquidità dai clienti. In alcuni casi cominceranno a licenziare dipendenti e questi avranno difficoltà a restituire i loro prestiti, come i mutui residenziali o i finanziamenti auto; in altri, saranno loro stesse a entrare in crisi e a non riuscire a ripagare i loro debiti. In ogni caso, il numero di prestiti non pagati alla banca, che già era in lieve crescita prima della crisi, adesso comincia ad aumentare in maniera visibile.

Il risultato di tutto ciò è che i costi della nostra banca schizzano verso l'alto e nel giro di pochi mesi trasformano i profitti in perdite.

Questa è una pessima notizia da comunicare ad investitori già nervosi per l'evoluzione del contesto: tutti sanno che in una situazione di crisi aumenta il rischio che alcune banche possano essere insolventi e pongono più attenzione a quanto capitale proprio ha ogni banca.

Solo le banche con maggiore capitale danno infatti sufficienti garanzie di poter assorbire la compressione dei profitti. Purtroppo la nostra banca aveva deciso di non detenere molto capitale prima della crisi e le perdite che accumula lo stanno consumando: per continuare a farsi prestare soldi deve quindi pagare sempre di più.

L'Amministratore Delegato e i suoi collaboratori ostentano sicurezza quando parlano con gli investitori, ma all'interno della banca diventano sempre più nervosi ed esigenti. La loro priorità diventa innanzitutto rassicurare investitori ancora più nervosi ed esigenti di loro; per farlo vedono un'unica strada: prestare meno soldi ai clienti.

È vero che questo ridurrà i profitti, ma tanto questi sono generati più dalla massa di prestiti esistenti che da quelli nuovi. In compenso in questo modo diminuiranno anche il bisogno di nuova liquidità e la leva finanziaria, due ottime notizie da comunicare all'esterno.

Se la nostra banca fosse sola, queste sue scelte avrebbero un impatto marginale. Purtroppo però tutte le banche sono in una situazione analoga; nonostante le altre banche abbiano una leva finanziaria più favorevole, tutte sentono la pressione di ridurla, se non altro per mantenere la distanza con la nostra, che ormai è considerata tra i paria del sistema. Si comportano quindi in maniera analoga, riducendo i prestiti.

Qualche politico protesta nei talk show e si scatenano infuocate polemiche tra chi ricorda che le banche devono "essere vicine al territorio" e chi replica che in realtà è "il cavallo che non beve", cioè le imprese che non usano credito perché spaventate dalla crisi. In entrambe le posizioni c'è un granello di verità, ma intanto la minor disponibilità di prestiti ha un ulteriore impatto negativo sulla situazione economica e la recessione si acuisce.

Questa è una notizia ancora peggiore per la nostra banca, che rischia di entrare in un circolo vizioso di minore crescita economica → maggiori costi → riduzione dei prestiti → minore crescita economica. Sui giornali cominciano a uscire notizie incontrollate sul suo stato di salute, che costringono il nostro Amministratore Delegato a una conferenza stampa in cui assicura che non ci sono problemi di liquidità. Errore: la liquidità è una di quelle cose di cui si parla pubblicamente solo quando scarseggia. L'unica strada rimane ora un difficile aumento di capitale in un mercato arido di fondi; o in alternativa, la liquidazione.

Cosa succederà della nostra banca dipende molto dall'approccio delle autorità di vigilanza ai fallimenti bancari: la banca potrà essere liquidata o magari verrà assorbita da un'altra più grande. Cosa sarà dell'economia dipenderà invece da un numero infinito di altre variabili: magari la crisi sarà leggera e le banche risulteranno sufficientemente capitalizzate, quindi la nostra banca resterà vittima solitaria della crisi. Oppure sarà vero il contrario e la crisi si allargherà ad altre banche.

Quel che è certo è che una situazione di crisi bancaria mette in forte difficoltà l'economia e le altre banche. Ogni banca è infatti un elemento dell'architettura del credito, degli investimenti e dei pagamenti: esistono cinque meccanismi che fanno sì che una sua crisi abbia un impatto economico negativo superiore a quella di qualsiasi altro operatore economico.

Innanzitutto, a causa del suo peculiare funzionamento, la prima cosa che fa una banca in crisi è provare a vendere meno prestiti, contrariamente a quello che fa una qualsiasi azienda, che nella stessa situazione fa di tutto per spingere le vendite del suo prodotto principale. Questo ha un impatto negativo sull'economia.

In secondo luogo, questi prestiti sono un prodotto fondamentale per il funzionamento dell'intera società: di solito la crisi di un settore impatta soprattutto i settori contigui, ma nel caso della banca i settori contigui sono tutti gli altri e comprendono le aziende, le persone e anche gli Stati.

Il terzo meccanismo riguarda i rapporti che hanno le banche tra di loro: per ogni banca i suoi rivali sono anche i suoi primi clienti; il mercato interbancario è una parte estremamente rilevante degli impieghi e delle fonti di ognuna e la crisi di un suo attore si propaga velocemente anche agli altri.

Il quarto è un meccanismo analogo che riguarda i pagamenti: le banche sono infatti il fulcro su cui si basa il sistema dei pagamenti e in caso di insolvenza questo flusso risulterà perturbato.

Infine, ogni banca è basata sulla fiducia di tutti nella sua capacità di gestire i rischi di liquidità e insolvenza; la crisi di un concorrente è un indizio che questo possa non essere vero e porta tutti a diffidare dell'intero sistema bancario.

Tutto questo rende la crisi bancaria diversa da quella di ogni altra azienda, il cui fallimento non ha necessariamente un impatto negativo sui concorrenti, perché implica che le altre aziende dello stesso settore avranno migliori prospettive grazie alla minore concorrenza che fronteggeranno in futuro.

Il risultato è che ogni crisi bancaria rischia di mettere in difficoltà l'intero settore, con una dinamica che ricorda quella delle epidemie e che infatti viene spesso chiamata contagio finanziario.

Un esempio estremo di contagio finanziario è quello della Grande Crisi del 2008.

L'esordio della crisi è stato abbastanza tipico: un aumento delle insolvenze dei mutui immobiliari nella primavera del 2007. La conseguenza è stata che nei mesi successivi i mercati per il rifinanziamento dei debiti bancari a breve termine sono diventati più prudenti e costosi. Come è naturale, le banche hanno reagito riducendo il credito verso l'economia, in maniera inizialmente abbastanza leggera.

È quello che è successo a partire dall'estate del 2007 che è stato eccezionale: negli anni prima della crisi le condizioni dell'economia erano state straordinariamente benigne e questo aveva portato le banche a essere particolarmente superficiali nella valutazione del credito, ma soprattutto ad aumentare a dismisura la leva finanziaria e la differenza tra le durate di fonti e impieghi.

Per esempio, molte banche avevano cartolarizzato i mutui erogati. Per ogni portafoglio di mutui cartolarizzato avevano cioè venduto dei titoli finanziari, simili a obbligazioni, che davano diritto a ricevere le rate dei mutui ad essi collegati. Questi titoli non avevano però tutti lo stesso rischio e molte banche avevano temerariamente deciso di ricomprare i titoli più redditizi e anche più rischiosi, finanziandone l'acquisto con l'emissione di altri titoli a brevissima durata.

Detto altrimenti, avevano deciso di tenere la parte più rischiosa di un portafoglio mutui della durata di anni, pensando di poterlo rifinanziare di mese in mese. Una fonte di pura redditività nel breve periodo, un cocktail mortale di rischio di insolvenza e rischio di liquidità nel lungo periodo.

Altre banche avevano assicurato questi titoli contro le insolvenze, ma avevano scelto tutte lo stesso assicuratore, che al momento del bisogno non poteva garantire le insolvenze di tutte.

CAPITOLO 2

Nel corso del 2007, e ancor più nel 2008, man mano che emergeva la fragilità del sistema, tutte le banche diminuirono la loro offerta di liquidità verso altre banche, proprio nel momento in cui tutte ne avevano più bisogno.

Questo comportò l'evaporazione della liquidità sul mercato, che causò il fallimento di alcune venerabili istituzioni finanziarie per l'impossibilità di rifinanziarsi, con rilevanti danni per le banche che avevano fatto loro credito e per l'intero sistema dei pagamenti, di cui quelle istituzioni erano snodi fondamentali.

Nel disperato tentativo di ridurre la loro leva e la dipendenza dalla liquidità, le banche sopravvissute ridussero il credito verso l'economia, dando un'accelerazione al circolo vizioso in cui si erano infilate.

Per uscire da una crisi così terribile è stato fondamentale il ruolo delle autorità, un fattore che ho volutamente escluso fino a questo momento.

Le crisi bancarie sono infatti, da secoli, un problema per la politica e se ne trova testimonianza anche nell'antica Roma. Nel tempo quindi sono stati elaborati una serie di strumenti per combatterle, che possono essere grossolanamente suddivisi tra misure di prevenzione, come l'obbligo di mantenere un certo livello di capitale proprio, e di gestione, come lo schema europeo per la risoluzione della crisi o i programmi di aiuto alle banche in difficoltà (per esempio il TARP negli Stati Uniti).

Vista la complessità della materia, nelle società moderne le normative di questo tipo prevedono l'istituzione di autorità di vigilanza (a cui mi riferirò anche con il termine di "regolatori").

Tutte queste misure sono ampiamente giustificate alla luce dell'evidente incapacità del sistema bancario di autoregolarsi. L'intervento delle autorità, però, ha un costo, sia che esso avvenga per prevenire che per risolvere una crisi. E ci sono forti dubbi che la sola regolamentazione possa effettivamente eliminare i rischi.

Prendiamo per esempio i requisiti di capitale, cioè le misure che impongono di mantenere una certa proporzione di fondi propri, e limitano quindi la leva finanziaria. Si tratta di regole che sono state molto rafforzate negli ultimi anni e che sono a mio parere la più efficace misura di prevenzione delle crisi, perché si applicano in maniera equivalente a tutti gli operatori e li pongono in una posizione decisamente migliore per affrontare una recessione, dove abbiamo visto che uno dei problemi è proprio l'erosione del capitale.

Non sono però una misura priva di costi. C'è innanzitutto un costo esplicito: il capitale costa di più del debito e riduce la capacità delle banche di creare ricchezza. Riduce inoltre la crescita della massa monetaria, che, come abbiamo visto nel primo capitolo, dipende in maniera decisiva dalla creazione di nuovo credito bancario; a sua volta la mancata crescita della massa monetaria può essere un freno alla crescita economica.

Ma c'è anche un costo implicito, che è a mio parere ancora più alto perché aumenta la fragilità del sistema. L'imposizione di un vincolo esterno deresponsabilizza infatti il management delle banche rispetto all'importanza di avere capitale proprio, che si trasforma quindi da cuscinetto di sicurezza a costo da minimizzare.

Il risultato è che il management non cerca più di avere un approccio prudente e responsabile nel decidere quale livello di capitale detenere, ma si concentra sul rispetto pedissequo del limite imposto dal legislatore. Nessun manager di banca lo ammetterà mai, ma per chi ci ha lavorato questo è evidente ed è ampiamente confermato dagli sforzi di lobbying delle banche per convincere le autorità a diminuire i requisiti di capitale.

Un semplice test può essere fatto da chiunque digitando "RWA optimization" in Google: i risultati mostrano Accenture, McKinsey, Oliver Wyman, cioè il gotha delle società di consulenza. Perché? Semplice: gli RWA, nel gergo iniziatico delle regole sul capitale proprio, sono una delle metriche base per il suo calcolo. Queste società offrono i loro servizi alle banche per trovare dei modi per "ottimizzarli", ovvero diminuirli il più possibile in modo da poter ridurre il livello di capitale detenuto.

È un po' quello che succede con i limiti di velocità: se da un lato sono essenziali per aumentare la sicurezza, dall'altro diventano per gli automobilisti un vincolo da rispettare in sé, dimenticando che sono pensati innanzitutto per proteggerli e che andrebbero interpretati con raziocinio, guardando alle condizioni atmosferiche, del veicolo e della strada.

La risposta delle autorità diventa allora quella di provare a eliminare queste possibilità di ottimizzazione scrivendo regole sempre più complicate. È un po' come se venissero implementati limiti di velocità diversi per ogni segmento stradale, per ogni tipo di veicolo e per le diverse condizioni meteo.

Il risultato è allora una regolamentazione incredibilmente costosa da capire, implementare e verificare, che necessita di un esercito di analisti e consulenti per la sua applicazione, e di un altro esercito di auditor per il controllo (studi recenti stimano che le spese di compliance nel settore bancario supereranno il 5% dei ricavi entro il 2023, e questo senza considerare ovviamente il costo delle autorità di vigilanza).

Per rendersi conto del fenomeno basta provare a leggere i trattati di Basilea, che regolamentano appunto il corretto livello di capitale proprio, e che sono passati da 28 pagine per Basilea 1 (1988), scritte in una prosa comprensibile a una persona di media cultura, a 337 pagine per Basilea 3 (2013), scritte in un linguaggio esoterico riservato a specialisti.

La regolamentazione bancaria ha quindi costi elevati. È riuscita almeno a porre il sistema bancario al sicuro dalle crisi?

Nessuno può saperlo con certezza, ma è legittimo nutrire dei dubbi, perché è lo stesso modello di business delle banche a spingerle verso la fragilità. Come abbiamo visto, la loro redditività viene influenzata positivamente dall'aumento della leva finanziaria e dalla differenza tra le durate di fonti e impieghi, ovvero proprio da quei fattori che ne aumentano la debolezza.

Molti danno la colpa della crisi all'avidità dei banchieri, ma il problema non è nella ricerca del profitto, che accomuna tutte le aziende della nostra società. Il problema è che per le banche la ricerca del profitto si traduce in un aumento della fragilità propria e dell'intera società. Gli stessi comportamenti commerciali poco corretti di molte banche, come le spese nascoste o la pressione sui clienti per l'acquisto di prodotti sempre diversi, è dovuta al tentativo di aumentare la redditività senza diventare più fragili.

L'arsenale di regole e sistemi di controllo è stato fortemente rafforzato negli ultimi anni, ma non ritengo probabile che queste misure riusciranno sempre ad arginare una spinta al profitto così forte. Col tempo la severità delle regole verrà rilassata (e qualche segnale di ammorbidimento è già presente), anche perché le nuove generazioni di politici, manager e regolatori non avranno la recente esperienza della Grande Recessione a ricordare loro i rischi.

Grazie alla crescente regolamentazione degli ultimi anni il mondo è quindi meno insicuro, ma non possiamo dire che sia completamente sicuro. È possibile aumentarne la sicurezza? È possibile conservare la funzione sociale della banca senza i rischi del suo attuale modello di business? È possibile creare una banca senza la banca?

Capitolo 3

Marketplace lending e marketplace banking

Vicente ha 38 anni, è appassionato di tecnologia e lavora in una software house di Madrid. Non ha mai comprato casa e ha un piccolo capitale frutto dei suoi risparmi, che investe informandosi in maniera autonoma. Alcuni dei suoi investimenti implicano che Vicente presti denaro: ha, per esempio, titoli di stato spagnoli e obbligazioni di alcune grandi aziende, due forme diverse di prestito.

Da qualche anno però ha aggiunto una forma di investimento meno diffusa: il prestito a persone fisiche che usano il suo capitale per acquistare un'automobile o ristrutturare casa.

Nel tempo, Vicente ha costruito un portafoglio di alcune centinaia di piccoli prestiti di questo tipo, rivolti a persone che vivono per lo più in Estonia.

Una volta a settimana si collega a Bondora, la piattaforma estone tramite cui ha finanziato queste persone, e controlla l'andamento dei suoi prestiti. La grande maggioranza ripaga regolarmente la rata mensile, che comprende una parte del capitale prestato e gli interessi maturati nel mese. Vicente ha anche diverse modalità, più o meno automatiche, per reinvestire in altri prestiti i soldi che riceve.

Bondora è solo uno dei molti attori di un nuovo modo di fare finanza, detto marketplace lending (la definizione che preferisco e che userò in questo libro, ma che è equivalente a prestito tra privati, peer-to-peer lending o lending crowdfunding).

Il marketplace lending introduce il concetto di piattaforma nel mondo finanziario, come ha fatto per esempio Airbnb nel mondo dell'alloggio per turismo. Airbnb non possiede le case che propone in affitto, ma si limita a mettere in contatto i proprietari con i turisti interessati ad affittarle. In maniera analoga, le piattaforme di marketplace lending non posseggono i soldi che prestano, ma si limitano a mettere in contatto gli investitori che li vogliono prestare con i richiedenti che hanno bisogno di un prestito.

Le piattaforme si distinguono per quello che *non* fanno più che per quello che fanno. L'elemento chiave di quelle di marketplace lending è infatti che non prestano direttamente denaro, e di conseguenza non hanno neanche il problema di procurarselo.

Questo permette loro di focalizzarsi su un ambito più limitato cui dare valore: l'incontro tra domanda e offerta di fondi, la valutazione della rischiosità dei richiedenti, la tecnologia che rende possibile tutto questo.

Se ripensiamo ai tre problemi base risolti dalla banca e che ho descritto nel capitolo 1, questi sono gli stessi risolti dal marketplace lending; la soluzione offerta è però chiaramente diversa ed è basata sulla tecnologia digitale. Vediamo come.

Il primo problema è la facilità di accesso ai prestiti, che è la ragione di esistere di queste piattaforme.

In un certo senso non si tratta di una novità: nulla vieta di prestare i propri soldi a qualcun altro, anche se nella maggior parte dei paesi esistono limitazioni nel farlo come professione.

Farlo però come modalità di investimento, diversificando il proprio rischio su una pluralità di soggetti, è un'innovazione che è stata resa possibile dall'avvento del digitale. Solo il digitale permette infatti di ampliare la possibilità di connettersi con altre persone anche geograficamente molto lontane; prima del suo avvento solo le banche, con la loro rete di filiali, erano in grado di raggiungere un numero sufficiente di persone tale da rendere sensato la concessione prestiti.

Il secondo problema è quello dell'abbattimento del costo dei prestiti. Al contrario della banca, le piattaforme non lo risolvono trasformando le durate, ma con un insieme di meccanismi diversi.

Innanzitutto aumentano la trasparenza nei confronti degli investitori, che sanno esattamente che tipo di impiego avranno i loro fondi, un fattore che tende ad abbassare la remunerazione richiesta.

In secondo luogo, non investono direttamente fondi propri, che, come abbiamo visto nei primi due capitoli, costano di più e attraggono una serie di costi regolamentari addizionali.

In terzo luogo permettono ai finanziatori di vendere facilmente i propri prestiti, in modo da ridurre l'orizzonte temporale dell'investimento anche se la durata del prestito sottostante è maggiore. Se infatti un cliente finanzia un prestito con durata 3 anni, ma rivendibile anche dopo pochi giorni, il rendimento richiesto si ridurrà di conseguenza. Si tratta dello stesso sistema utilizzato per ridurre il costo dei titoli di stato, che hanno durate anche di decenni, ma che possono essere venduti istantaneamente.

Infine, il terzo problema è la gestione del rischio di insolvenza. Le piattaforme di lending hanno accesso agli stessi dati delle banche, ma, avendo una relazione più naturale con la tecnologia, hanno il potenziale per ottenere risultati migliori.

Inoltre, il regime di trasparenza a cui sono sottoposte le piattaforme di lending è assoluto: qualsiasi prestito che paghi in ritardo è immediatamente visibile ai clienti investitori e questo aumenta fortemente la pressione sulla piattaforma perché limiti i rischi dei clienti.

Il primo operatore al mondo a proporre questo business model per finanziare prestiti personali è stata Zopa nel Regno Unito, nel 2005. Per alcuni anni i prestiti personali sono stato il focus principale di tutte le iniziative del settore, sia nel Regno Unito con Ratesetter che negli Stati Uniti con LendingClub e Prosper.

Poi, nel 2010, il lancio di FundingCircle, specializzata nel finanziare piccole aziende nel Regno Unito, ha mostrato per la prima volta come lo stesso modello fosse applicabile ad altri ambiti della finanza. Da lì l'espansione ha interessato tutte le principali tipologie di prestito, dai mutui ai prestiti a grandi aziende, dallo sconto fatture alla gestione di immobili.

Per esempio, in Italia operano diverse piattaforme specializzate nei prestiti a persone, come Soisy, Prestiamoci o Younited Credit, altre che offrono finanziamenti ad aziende, come Borsa del Credito o October, altre ancora specializzate nello sconto fatture, come Workinvoce o Credimi. Tutte insieme, rappresentano già in questo momento gran parte dell'offerta di prestiti offerti dalle banche.

Non è stata un'espansione priva di ostacoli, anzi. Ci sono stati clamorosi fallimenti di alcune piattaforme, come Trustbuddy in Norvegia, scandali riguardanti la governance, come quello che ha investito Lendingclub e portato al licenziamento del fondatore, drastiche correzioni della valutazione per alcune piattaforme quotate, come Funding Circle.

Come founder di una piattaforma di marketplace lending, Soisy, ho vissuto da vicino fasi di attenzione spasmodica e altre di diffidenza nei confronti del settore. Ci sono stati momenti, negli anni scorsi, in cui i fondi di Venture Capital, quei grandi fondi che si occupano di finanziare startup, erano disposti a finanziare praticamente qualsiasi società avesse qualche relazione con il marketplace lending. Due anni fa mi è capitato invece che uno di questi mi scrivesse via email: "dopo la nostra negativa esperienza con X, abbiamo deciso di non prendere nessuna ulteriore partecipazione sul mondo dei prestiti". Quando si dice aver paura di scottarsi con l'acqua fredda.

Eppure, come è tipico delle innovazioni che escono dalla fase di picco delle aspettative, più scende il livello di attenzione e più il modello si diffonde. Nel 2017 il mercato europeo del marketplace lending è cresciuto dell'88% e ha finanziato circa 2600 milioni di euro di prestiti. È ancora piccolo rispetto alla finanza tradizionale, ma con questo tasso di crescita diventerà presto rilevante: non siamo lontani da dove si trovavano nel 2013 gli Stati Uniti, dove adesso il mercato è grande circa 6 volte quello europeo.

Il marketplace lending permette dunque di atomizzare il mondo del credito, diffondendolo su una moltitudine di persone. La stessa rivoluzione sembra però stia accadendo al concetto stesso di banca, grazie a un altro meccanismo, a cui farò riferimento con l'espressione "marketplace banking".

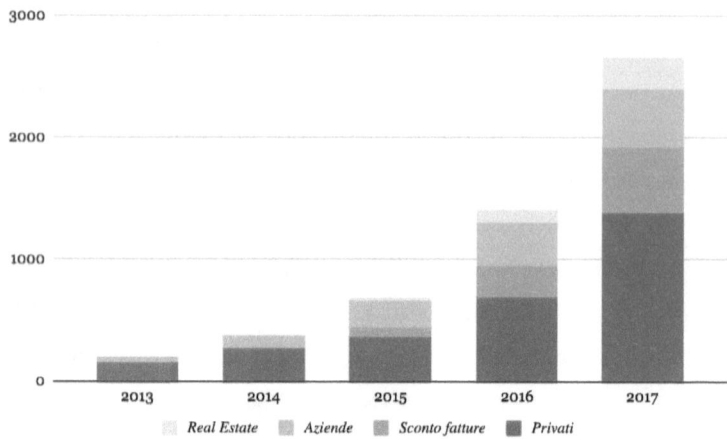

Fonte: Report annuale sulla finanza alternativa del Cambridge Centre for Alternative Finance

La crescita impetuosa del marketplace lending in Europa

Tradizionalmente le banche, per venire incontro alle esigenze dei clienti, si sono espanse per coprire tutti i fabbisogni finanziari della loro clientela.

Il motivo più importante per cui chi ti fornisce il conto corrente ha anche in deposito i titoli che acquisti e ti fa un prestito, è che è più comodo per i clienti avere una sola controparte per tutte le loro esigenze finanziarie.

Certo, in alcuni casi il fatto che la banca offra sia i pagamenti che i prestiti le permette di dare un servizio migliore. Pensiamo per esempio al trade finance, il credito offerto a supporto delle transazioni commerciali, nel quale la banca presta soldi proprio in relazione a dei pagamenti.

Si tratta però dell'eccezione più che della regola, e solitamente le banche commerciali trattano il mondo del credito, quello degli investimenti e quello dei pagamenti come silos separati, tenuti insieme solo dalla presenza di una relazione commerciale con uno stesso cliente.

Quello che osserviamo nel mondo fintech è invece un modello molto diverso, basato sulla presenza di un gran numero di società specializzate nell'offrire un servizio molto specifico, ma pronte a collaborare per offrire al cliente accesso a diversi prodotti in un unico punto. Questo rende queste società di fatto simili a dei mercati, dei marketplace appunto, dove il cliente ha accesso nello stesso luogo a diversi prodotti offerti da diverse aziende.

Prendiamo N26, una delle banche online più famose in Europa, presente in 26 paesi tra cui l'Italia. Fondata nel 2013, è famosa per la semplicità e bellezza della sua app mobile.

In Germania e in Francia permette anche di prendere prestiti, ma si tratta di prestiti che non sono finanziati dalla stessa N26, ma rispettivamente da Auxmoney e da Younited Credit, due marketplace di prestiti. N26 ha raccolto negli ultimi anni circa 682 mln di dollari dai suoi azionisti, quindi non è certamente la mancanza di fondi a impedire lo sviluppo di un business di prestiti. Evidentemente però, i suoi founder pensano di poter dare più valore ai clienti concentrandosi sui servizi di pagamento e sull'integrazione di prodotti finanziari di altri.

Non sono certo gli unici, l'impressione è anzi che facciano parte di una tendenza generalizzata, ben rappresentata anche in Italia da app come Oval Money.

La differenza non è però semplicemente nel fatto di offrire prodotti di altre aziende. Questa è anzi una scelta che fanno a volte anche le banche tradizionali, quando lo sviluppo interno di un prodotto richiederebbe investimenti troppo rilevanti o infrangerebbe una legge, come nel caso dei fondi di investimento o delle polizze assicurative.

Per le aziende fintech però non si tratta di una scelta opportunistica, da fare solo in caso di necessità, ma di una componente fondante della loro visione, come vedremo con maggiori dettagli nel resto del capitolo.

La banca non è pensata come un'azienda aperta e di conseguenza le proposte di prodotto di altri non si integrano in maniera fluida nel suo bouquet di prodotti. Per esempio, per avere un prodotto non bancario spesso è necessario compilare di nuovo tutti i dati e i contratti, anche se questi sono già registrati.

Quella dell'elevato livello di integrazione è invece una caratteristica distintiva del marketplace banking, che si basa su una composizione coerente delle diverse offerte che lo compongono, con l'obiettivo di dare la percezione di un'unica offerta commerciale.

Non è l'unica: un'ulteriore differenza è data dal fatto che molte aziende fintech possono non avere una licenza bancaria e quindi evitare la pesante regolamentazione richiesta, perché, come vedremo meglio nel prossimo capitolo, non pongono gli stessi rischi per il sistema finanziario.

Addirittura, come mostra l'esempio di N26, questo genere di modelli spesso non pone al centro l'offerta di credito, il prodotto più tipico della banca tradizionale e quello che ne definisce il business model. E questo è l'aspetto forse più rivoluzionario, quello che rende meglio l'idea di cosa sia la banca senza la banca.

Tutte insieme, le aziende fintech rivolte ai clienti finali si apprestano quindi a cambiare radicalmente le fondamenta dei modelli di business con cui verranno offerti in futuro i servizi bancari.

Siamo però ancora ai primi passi di questa tendenza ed è quindi naturale chiedersi se è ragionevole pensare che il mondo continuerà a muoversi in questa direzione. Il modo migliore per capirlo è analizzare le cause di questo fenomeno.

Ci sono diversi motivi se giovani aziende con ampie disponibilità di fondi decidono di specializzare la loro offerta e aprirsi alla collaborazione.

Il primo è insito nelle modalità con cui è emerso il movimento fintech. A partire dai primi anni 2000, migliaia di società digitali hanno cercato di far concorrenza alle banche facendo leva sulla tecnologia.

La strada che hanno trovato per emergere, avendo relativamente pochi fondi, nessun cliente e un brand sconosciuto, è stata quella della specializzazione.

Se infatti avessero affrontato le banche tradizionali nel loro (ampio) mercato, già la sola differenza di fondi a disposizione sarebbe bastata a schiacciarle. Ridefinendo invece il mercato del banking in una serie di mercati molto più piccoli, hanno trasformato in un vantaggio il fatto che le banche presidiassero mercati così ampi, disperdendo le loro energie.

Prendiamo ad esempio Transferwise, che è ormai un gigante con 4 milioni di clienti, ai quali offre trasferimenti bancari a basso costo tra 750 valute diverse. Alla base della sua economicità c'è un'idea geniale: per ogni persona che deve trasferire dei soldi in un'altra valuta, per esempio mandare 100 euro negli Stati Uniti, ne esiste una che deve fare il trasferimento contrario, cioè portare 110 dollari in Europa. Abbinando le due transazioni si possono evitare i mercati dei cambi e le loro salatissime commissioni, limitandosi a trasferire i 100 euro da un cliente all'altro in Europa e i 110 dollari lungo la strada opposta negli Stati Uniti.

Al momento del lancio, nel 2011, Transferwise supportava solo due valute, sterlina ed euro, con un focus limitato a due soli paesi, Regno Unito ed Estonia. In quel micromercato infatti, anche i pochissimi soldi che aveva raccolto, 50.000 euro, erano sufficienti per competere ad armi pari con banche enormemente più grandi.

La situazione è cambiata solo parzialmente negli anni successivi: nel frattempo Transferwise ha raccolto un capitale di 780 milioni di dollari, enorme rispetto all'inizio, ma esiguo rispetto alle disponibilità delle banche tradizionali. Di conseguenza ha allargato il suo raggio d'azione a moltissimi paesi e valute, ma senza provare pericolose distrazioni su altri prodotti. Solo a partire dal 2019 ha cominciato a sperimentare nuovi prodotti da offrire.

Il risultato di questo approccio è una serie di prodotti molto curati ed efficaci nel risolvere problemi specifici. Ma anche, paradossalmente, capaci di comunicare tra loro.

Questo è dovuto a un altro grande trend dell'economia digitale negli ultimi venti anni: l'emergere di nuovi protocolli di comunicazione che hanno facilitato enormemente l'integrazione di servizi offerti da operatori diversi.

L'esempio di forse maggiore impatto di questa tendenza è lo sviluppo del cloud computing. Fino ai primi anni 2000, ogni azienda conservava gelosamente i suoi dati e la sua capacità di calcolo dotandosi di propri server: l'infrastruttura era un fattore di produzione essenziale e in quanto tale veniva sviluppato internamente.

Questa scelta è ormai minoritaria: un numero crescente di aziende decide di usare i servizi di *cloud provider,* aziende specializzate nel permettere ad altri di usare i loro server. Il caso forse più eclatante è quello di Netflix, la cui capacità di ottimizzare la propria infrastruttura rappresenta un fattore chiave nel fornire un'esperienza di visione di livello adeguato, ma che ha scelto comunque di utilizzare il *cloud* di Amazon Web Services per la quasi totalità dei propri sistemi.

Si tratta di un'evoluzione naturale per un'economia digitale: l'intera architettura di Internet è basata sullo scambio di informazioni e non è difficile capire come questo abbia facilitato l'emergere di protocolli semplici e sicuri che permettono la collaborazione tra aziende diverse. La presenza di questi protocolli, abbattendo i costi della collaborazione, ha quindi reso molto più conveniente l'integrazione rispetto allo sviluppo interno.

Inoltre, un altro degli effetti della diffusione di Internet è la creazione di un enorme mercato digitale globale, nel quale i costi di sviluppo di un prodotto possono essere "spalmati" su un gran numero di vendite, il che abbatte ulteriormente i costi della collaborazione.

Per esempio, se apro un sito internet e ho bisogno di un servizio di chat, sarà molto più conveniente integrare un servizio esterno, perché chi sviluppa quel software si rivolge a un mercato per definizione più grande di quello raggiungibile da una singola azienda e può quindi offrirlo a un costo molto più basso di quello necessario a me per sviluppare lo stesso servizio.

Infine, c'è anche una componente culturale: le persone che si sono formate e hanno lavorato nel digitale hanno tra i loro modelli prodotti come Wikipedia, costruiti grazie al contributo di migliaia di persone, o piattaforme come Android, pensate per consentire a qualsiasi sviluppatore di rilasciare il proprio prodotto.

È inevitabile che per chi lavora nel digitale la collaborazione sia una modalità naturale, anche se ovviamente non l'unica, di porsi nei confronti di altre aziende. E questo è un tema altrettanto importante della disponibilità della tecnologia per farlo, che di per sé non sarebbe sufficiente se mancasse la volontà.

In questo momento non è chiaro che tipo di panorama competitivo emergerà da questa dinamica. È possibile che si imponga un modello caratterizzato da grandi piattaforme specializzate nell'orchestrazione di servizi e nella gestione di pagamenti, che integrano una serie di operatori specializzati nella creazione di altri servizi (che potrebbero comprendere i classici prodotti bancari o servizi innovativi, per esempio di consulenza). Oppure potrebbe esserci una situazione più frammentata, in cui ogni specialista di un servizio offre anche altri servizi, in modo da creare un'offerta finanziaria parziale o completa. O ancora, potrebbe emergere un misto di queste due situazioni. Allo stato attuale delle cose, è impossibile dire quali saranno le caratteristiche dell'ecosistema fintech nel futuro.

Quello che è invece probabile è che in Europa questa tendenza alla collaborazione e allo scambio di informazioni possa ricevere un'ulteriore, forte spinta da una recente modifica delle norme.
A settembre 2019 è infatti diventata operativa l'ultima parte della seconda *Direttiva sui Pagamenti*, detta per brevità PSD2. È una norma rivoluzionaria, che obbliga tutti gli operatori del mondo dei pagamenti, tra cui le banche, a rendere disponibili i dati e l'operatività dei propri clienti tramite protocolli di comunicazione standardizzati e facilmente accessibili, detti API.
Questo non vuol dire che chiunque possa leggerli e operare per conto dei clienti, sia chiaro, ma solo che questi potranno dare il permesso di farlo a ogni operatore di pagamenti in cui abbiano fiducia.

Quindi per esempio sarà possibile avere tre conti diversi e usare un quarto operatore per sintetizzarli e movimentarli.

Ci sono dubbi sul fatto che la norma riuscirà a raggiungere tutti gli obiettivi che si pone, e che lo farà in tempi brevi. Resta il fatto però che la collaborazione tra aziende diverse tramite API passerà in questo modo dall'essere una possibilità, colta solo dagli operatori più innovativi, all'essere un obbligo che coinvolge tutti. Appunto, una rivoluzione.

Il risultato di queste diverse spinte verso la specializzazione e la collaborazione è l'attuale movimento fintech: un panorama con un numero crescente di attori specializzati in un singolo servizio, connessi tramite un numero crescente di collaborazioni.

Questo insieme di attori sta giorno dopo giorno sostituendo la banca nella sua funzione di creatore di benessere. Riuscirà anche a evitare di porre gli stessi rischi?

Capitolo 4

Un mondo senza crisi bancarie

Il 10 gennaio del 2000 viene annunciata la più grande acquisizione mai avvenuta fino a quel momento: American Online, una delle più famose società nate con l'esplosione di internet (le cosiddette dot-com), acquisisce Time Warner, una venerabile media company, simbolo della old economy.

I commentatori si dividono tra ottimisti e pessimisti. Per i primi, il momento segna il trionfo della nuova economia digitale e il passaggio di consegne tra old e new economy. I secondi invece temono che si approssimi il momento in cui il valore delle aziende dot-com comincerà a declinare e osservano come American Online abbia riconosciuto a Time Warner un importante sconto rispetto alla sua valutazione di borsa.

Nessuno comunque si aspetta quello che sta per accadere: due mesi dopo l'annuncio, gli investitori cominciano a diventare più prudenti e le valutazioni di borsa dell'intero settore tecnologico iniziano a diminuire. Nel giro di qualche settimana la prudenza diventa ritirata, poi fuga disordinata da un settore che fino a quel momento aveva avuto una crescita rapidissima.

Entro la fine dell'anno 2000 un gran numero di dot-com sono fallite, tra cui alcune quotate in borsa, come pet.com. Un anno dopo l'annuncio American Online-Time Warner, l'indice delle società tecnologiche vale circa la metà e nei successivi due anni arriverà a perdere oltre il 70%.

Nel complesso vengono bruciati circa 6.000 miliardi di dollari di ricchezza, il 60% di quanto prodotto dall'economia statunitense in un anno. Anche aziende solide e che adesso consideriamo inaffondabili come Amazon sono in difficoltà: il futuro gigante dell'e-commerce perde il 90% del valore in pochi mesi e Jeff Bezos consiglia di "non investire in Amazon se si vuole dormire bene la notte". Solo la felice decisione di raccogliere quasi € 700 mln di dollari un mese prima dello scoppio della bolla permette alla società di sopravvivere.

Una distruzione di valore di queste dimensioni non può non avere conseguenze sul resto dell'economia: nei mesi successivi al crollo, la contrazione si propaga dal settore tecnologico ai settori contigui, come la pubblicità; un anno dopo, l'economia statunitense entra in recessione, seguita dalle principali economie mondiali.

Chi ha vissuto la terrificante recessione del 2008-9, e non ricorda bene quella del 2001, potrebbe pensare che le banche abbiano sofferto terribilmente durante la crisi delle dot-com. Il settore invece si comportò sorprendentemente bene e i danni si limitarono a qualche licenziamento tra le banche di investimento. Anche per questo motivo la recessione fu leggera; secondo alcuni economisti non si può neanche parlare di vera e propria crisi. Due anni dopo, nel 2002, l'economia mondiale aveva già ricominciato ad accelerare la crescita.

Si calcola che anche lo scoppio della bolla dei mutui immobiliari nel

2008 abbia comportato una perdita tra i 6.000 e gli 8.000 miliardi, valori simili a quelli della bolla delle dot-com.

Ma se la dimensione delle due bolle era analoga, come si spiega il comportamento così diverso dell'economia nelle due crisi? Uno dei fattori chiave è proprio il diverso coinvolgimento delle banche nel settore epicentro del terremoto.

Nel 2008 a scatenare la crisi è stato il settore immobiliare, uno dei maggiori utilizzatori di credito bancario per finanziare sia le costruzioni che l'acquisto di immobili. Nel 2000 invece le aziende coinvolte erano startup o scaleup tecnologiche, che fanno un uso molto limitato di finanziamenti bancari.

Questo non vuol dire che avessero raccolto pochi soldi, anzi: il fatto stesso che gli investitori abbiano perso più di 6.000 miliardi di dollari dà un'idea delle enormi cifre investite, comparabili a quelle che saranno investite nel mercato immobiliare pochi anni dopo.

Né mancavano grandi concentrazioni su alcuni investitori, che soffrirono perdite terribili e in molti casi non riuscirono a superare la crisi. Questi investitori erano però fondi di venture capital e non banche: non investivano con una leva finanziaria estrema, non prendevano a prestito a breve termine per prestare a lungo, non erano attori fondamentali del sistema dei pagamenti e del credito, le loro difficoltà non potevano creare una crisi di fiducia nell'intero sistema economico. In breve, non erano banche e quindi la propagazione delle loro perdite al resto dell'economia restò limitata.

Questa osservazione equivale a dire che si comporta meglio, in caso di crisi, un mondo in cui chi fornisce i soldi per un investimento *non* è una banca. Ma questo è proprio il mondo di piattaforme di banking e di lending che abbiamo visto nel terzo capitolo. È possibile che un mondo di quel tipo possa uscire indenne dalle peggiori crisi economiche?

Proviamo a ripercorrere le caratteristiche di questo mondo immaginario in cui i servizi finanziari vengono offerti da marketplace e non da banche. I prestiti ad aziende e persone sono forniti da investitori privati che prestano denaro su marketplace di lending.
Inoltre i servizi bancari derivano dall'interazione tra diversi fornitori di servizi specializzati, che li offrono ai clienti finali.
Va osservato che al fine di questa discussione è del tutto indifferente in quale delle modalità descritte alla fine del terzo capitolo sarà strutturato il marketplace banking. Quel che importa è che ci saranno, tra le altre, alcune piattaforme che offriranno anche servizi di pagamento e che chiameremo piattaforme di banking.
Che tipo di altri servizi offrano direttamente e quali invece offrano in collaborazione con terze parti è del tutto indifferente. Il motivo per cui ci concentriamo su di loro, e non su altri operatori che pure danno grande valore ai clienti, è che gli operatori che offrono pagamenti sono, insieme a quelli che offrono credito, quelli più a rischio in caso di crisi.

In questo mondo immaginario c'è stato un boom creditizio, seguito da un crisi simile a quella che ho immaginato nel secondo capitolo.
Alcuni anni di crescita sostenuta in tutta l'economia hanno aumentato l'ottimismo e la propensione a investire, la memoria dell'ultima crisi è ormai lontana e nel tempo le decisioni di investimento sono diventate sempre meno razionali.
Improvvisa e inaspettata, arriva una crisi che coinvolge uno dei settori che più fanno uso di credito, come le costruzioni, o l'agricoltura, o i trasporti.

Di fronte all'improvviso peggiorare delle prospettive economiche, sempre meno investitori sono disponibili a prestare i loro soldi, in parte perché temono di non vederli restituiti e in parte perché vogliono tenere più liquidità in caso la crisi li tocchi da vicino. Il credito disponibile quindi si contrae, alcune aziende non riescono più a rifinanziarsi e falliscono.

Nel lungo periodo questo significa che le aziende rimanenti avranno migliori prospettive di crescita, ma adesso questo non fa che acuire i problemi dell'economia, perché diminuisce ulteriormente la fiducia e la domanda aggregata, cioè quanto imprese e persone spendono e investono. Inoltre molte persone che lavorano nel settore colpito dalla crisi perdono l'impiego e hanno quindi difficoltà a restituire i soldi presi a prestito.

Gli Stati cominciano a intervenire con maggiori investimenti e le banche centrali iniettano liquidità, ma ci vorrà tempo prima che questi interventi abbiano effetto e l'economia esca dalla difficile situazione in cui si trova.

Quale sarebbe il ruolo delle piattaforme in questa situazione di crisi?

Come ho spiegato nel terzo capitolo, si tratta di operatori che guadagnano dalla gestione dei pagamenti e dal finanziamento di prestiti, ma che non prestano direttamente soldi.

Non rischiano quindi di vedere i loro guadagni drasticamente ridotti in caso le aziende o le persone che hanno ricevuto prestiti abbiano difficoltà a restituirli.

Questo non significa che in una crisi come quella che stiamo descrivendo non soffrirebbero, anzi. Il loro modello di business è basato sull'utilizzo di servizi finanziari (pagamenti, investimenti, prestiti, etc) da parte dei clienti e quindi legato a stretto filo all'andamento dell'economia.

Quando l'intera economia gira più lentamente, persone e aziende fanno meno transazioni; per esempio i consumatori comprano meno beni e quindi ci sono meno pagamenti, le aziende abbattono le nuove spese e hanno quindi meno bisogno di prestiti, tutti preferiscono avere più liquidità e quindi fanno meno investimenti.

Questo vuol dire che i ricavi delle piattaforme scenderebbero di pari passo con la contrazione dell'economia, mentre i loro costi rimarrebbero in buona parte costanti, perché contengono componenti non comprimibili (come l'infrastruttura tecnologica, o i costi imposti dalla normativa).

Peraltro i marketplace sono caratterizzati da due fattori che ne aumentano la resistenza alle crisi: forti economie di scala e specializzazione. Entrambi i fattori tendono infatti a favorire l'emergere di un numero limitato di attori specializzati e con una robusta redditività, ovvero aziende che non fallirebbero facilmente.

Inoltre le piattaforme non rimarrebbero ferme, anzi come ogni azienda in difficoltà reagirebbero vigorosamente, tagliando i costi, rimandando loro stesse gli investimenti e, se possibile, licenziando persone.

Nonostante tutti i loro sforzi, potrebbe però accadere che alcune falliscano, come può succedere a qualsiasi altra azienda in qualsiasi altro settore.

È la classica situazione in cui, per citare Warren Buffet "quando la marea si abbassa si scopre chi stava nuotando senza costume": chi non aveva un modello di business sostenibile o riserve di capitale sufficienti non riesce a superare il momento di crisi.

Tutto questo non sarebbe un bene per l'economia, come non lo è mai il fallimento di un'azienda. La vera domanda, però, è se il fallimento di una piattaforma potrebbe agire da "moltiplicatore negativo" sulla crescita economica. E la risposta è no.

Innanzitutto i prestiti degli investitori rimarrebbero comunque esigibili: si tratta infatti di prestiti basati su contratti tra investitori e richiedenti, la cui validità non dipende dall'esistenza della piattaforma che li ha facilitati.

Anche gli investitori potrebbero sopportare perdite più o meno grandi, come succede su tutti i tipi di investimento in una situazione di crisi economica, ma queste avrebbero un impatto soltanto su ciascuno di loro. La leggerezza della crisi seguita al crollo delle dot-com dimostra che il sistema economico può sopportare anche perdite rilevanti, purché queste non generino una spirale perversa.

E in questo caso mancherebbero quegli elementi di contagio finanziario e di riduzione del credito verso l'economia che rendono così pericolose le crisi bancarie.

Il fallimento di una piattaforma non implicherebbe infatti che le altre vadano in difficoltà, anzi quelle rimanenti ne uscirebbero rafforzate nel lungo periodo.

Le piattaforme non sarebbero infatti esposte con prestiti verso altre piattaforme, quindi nessuno potrebbe pensare che subirebbero dei danni diretti in caso di loro fallimento.

In realtà il punto è più generale: le piattaforme non concedono prestiti, quindi nessuno potrebbe pensare che subirebbero danni in caso di mancata restituzione. Non avrebbero problemi di rifinanziamento del debito a breve termine, né problemi di fiducia a causa di una leva finanziaria troppo alta.

Se anche avessero dei debiti da restituire, questi non sarebbero stati contratti per finanziare prestiti e quindi sarebbero del tutto slegati dalla possibilità di finanziare nuovi prestiti sulla piattaforma. Al contrario di quello che succede per le banche, la salute di queste piattaforme è sostanzialmente *indipendente* dall'andamento dei tassi di insolvenza e del mercato della liquidità. Questo vuol dire che anche se nell'economia in generale il livello di prestiti non restituiti fosse pericolosamente alto, il sistema dei pagamenti sarebbe al riparo.

In caso di difficoltà le piattaforme non avrebbero quindi nessuna necessità di diminuire il credito verso l'economia.

Come abbiamo visto, questa è una strategia essenziale per le banche in un momento di crisi ed è anche estremamente dannosa per il resto del sistema: ridurre i prestiti permette infatti sia di aumentare la liquidità che di migliorare la leva finanziaria, le due variabili chiave in un contesto di crisi; ridurre i prestiti toglie però anche ossigeno all'economia, perché deprime ulteriormente la capacità di spesa di persone e aziende.

Nel mondo che stiamo descrivendo, però, il credito all'economia viene fatto da investitori indipendenti, non dalle piattaforme. E questi non hanno il problema della leva o del rifinanziamento dei debiti.

È ragionevole assumere che, in un contesto di crisi, anche gli investitori avrebbero meno voglia di prestare soldi, un po' perché sarebbe più rischioso e un po' perché loro stessi vorrebbero detenere più liquidità: non si sa mai cosa possa succedere durante una crisi economica.

È probabile quindi che l'offerta di credito calerebbe anche più della domanda e che il meccanismo per trovare un nuovo equilibrio passerebbe da un aumento dei tassi di interesse, ovvero del "prezzo" che riceve chi dà soldi a prestito.

Questo è però un meccanismo di mercato e quindi efficiente, guidato dalla ricerca del rendimento migliore e non distorto dalla necessità dell'investitore di abbattere la sua leva o di rifinanziarsi, come succede con le banche. È un meccanismo che troverebbe un suo limite naturale nell'andamento dei rendimenti.

Per esempio, immaginiamo di trovarci negli Stati Uniti nella prima metà del 2009, durante la Grande Crisi: il principale indice azionario, l'S&P 500, ha perso il 39% negli ultimi 24 mesi; le obbligazioni corporate hanno perso il 5% negli ultimi 12.
I portafogli di prestiti al consumo hanno tassi di perdita di circa il 5%, a fronte però di tassi di interesse del 10-15%, con un rendimento netto decisamente superiore al 5%. Voi dove avreste investito i vostri soldi? Non sembra improbabile che, se fosse stato possibile, alcuni investitori avrebbero deciso di continuare a prestare i loro soldi, magari a un tasso più alto per cautelarsi da un ulteriore aumento delle insolvenze.
In realtà c'è anche una piccola prova di questo, perché alcune piattaforme di lending esistevano già: per esempio Lending Club nel 2009 ha finanziato 51 mln $ di prestiti, contro i 19 mln $ dell'anno precedente, una crescita notevole se si considera il contesto avverso.

Questo concetto è decisivo e provo a renderlo più chiaro con una metafora.
Immaginiamo che gli investimenti che vanno a finanziare l'economia siano l'acqua dei fiumi, che scendono dalle montagne per andare a irrigare le coltivazioni a valle. Prima di arrivare però, attraversano dei laghi regolati da chiuse, controllate da una popolazione che ha bisogno di tenere alto il livello dell'acqua, per esempio perché la sua sopravvivenza è legata alla possibilità di pescare nel lago.
Finché c'è tanta acqua non c'è nessun problema, ma se il flusso dalle

montagne dovesse ridursi, la popolazione del lago avrebbe necessità di interrompere il flusso a valle per mantenerne alto il livello, con la conseguenza che a valle non arriverebbe più acqua.

Ecco, la popolazione del lago sono le banche: se diventassero dei marketplace la loro sopravvivenza non dipenderebbe più dal livello di acqua nel lago e avrebbero quindi tutto l'interesse a farla scorrere direttamente a valle, senza interruzioni.

In sintesi, in caso di crisi i marketplace non genererebbero nessuno di quei fenomeni che rendono adesso così delicate le crisi bancarie. In questo mondo immaginario infatti il settore finanziario si comporterebbe come qualsiasi altro settore, senza porre quei problemi di contagio che abbiamo visto nel secondo capitolo e che sono l'ingrediente che trasforma una normale crisi economica in una crisi di sistema.

Avremmo cioè creato un mondo finalmente libero dall'incubo dei fallimenti bancari.

Ma c'è un elemento ancora più interessante in questo mondo: in caso di crisi economica le autorità monetarie (ovvero le banche centrali di ogni paese) avrebbero strumenti molto più potenti per intervenire a sostegno dell'economia.

Facciamo un passo indietro per capire come si comportano le banche centrali in una crisi. Gli obiettivi di un'autorità monetaria sono diversi da paese a paese e riguardano nella gran parte dei casi il tasso di inflazione, o più raramente il tasso di crescita, o quello di disoccupazione.

In genere comunque il loro raggiungimento passa almeno in parte per la regolazione della quantità di moneta circolante rispetto alla fase del ciclo economico. Pur con sfumature diverse infatti, tutte le autorità monetarie cercano di contrastare oscillazioni troppo ampie del ciclo economico e di evitare accelerazioni o decelerazioni troppo forti.

Questo in genere vuol dire utilizzare la quantità di moneta come contrappeso alla crescita, cercando di ridurla nei momenti positivi per raffreddare l'economia ed evitare inflazione, e di aumentarla in momenti di crisi per cercare di farla ripartire.

La quantità di moneta, che comprende anche il credito bancario, tende infatti a influenzare positivamente l'economia: più moneta circola, anche sotto forma di credito, più è probabile che l'economia cresca.

Ci sono diversi strumenti per influenzarne la dinamica, anche poco convenzionali, come per esempio le conferenze stampa dei banchieri centrali (basti pensare all'effetto delle dichiarazioni di Mario Draghi a metà 2012).

Tradizionalmente però gli strumenti più importanti sono due: da un lato l'intervento sui tassi applicati ai depositi delle banche presso la banca centrale e ai prestiti che da questa ricevono; dall'altro le operazioni sul mercato aperto, con le quali la banca centrale acquista titoli per aumentare la quantità di moneta, o li vende per diminuirla.

Tutti questi strumenti cercano di influenzare il livello dei tassi a cui le banche prenderanno a prestito i fondi e quindi quelli a cui li presteranno. Come ho spiegato nel primo capitolo, sono infatti le banche commerciali a creare nuova moneta nel momento in cui concedono prestiti, e il volume di questa attività dipende ovviamente dal prezzo, cioè dal tasso di interesse.

Riassumendo, al momento le banche centrali agiscono sui tassi e sul mercato, per influenzare i tassi a breve termine cui le banche prendono a prestito, che a loro volta influenzano i tassi a cui le banche prestano, che a loro volta influenzano la quantità di prestiti che vengono concessi, ovvero la creazione di nuova moneta da parte delle banche, che infine influenza la traiettoria dell'economia.

È evidente che si tratta di una catena di rapporti di causa-effetto abbastanza lunga e non stupisce quindi l'ampio livello di dibattito che circonda ogni scelta delle autorità monetarie.

In un mondo caratterizzato dalla presenza di piattaforme di lending tuttavia, le banche centrali avrebbero a disposizione un metodo più diretto per la creazione di moneta: quello di prestare direttamente denaro tramite le piattaforme stesse, o in alternativa di comprare prestiti da altri finanziatori.

Di fatto questo equivarrebbe a fare delle operazioni di mercato aperto estremamente eterodosse, il cui oggetto non sarebbe l'acquisto di titoli di stato, ma di prestiti.

Si tratterebbe di uno strumento di politica monetaria molto più preciso e veloce nel dispiegare i suoi effetti, perché consentirebbe di intervenire in maniera diretta su quelle parti dell'economia più bisognose di supporto.

Va detto però che questo non sarebbe uno degli strumenti a disposizione delle banche centrali, ma di fatto l'unico: in assenza di banche, modificare il tasso a cui vengono remunerate le loro riserve o quello a cui prendono a prestito non porterebbe grandi risultati.

Prestare denaro sulle piattaforme sarebbe quindi un obbligo e non un'opzione per le banche centrali, perché diventerebbe il principale modo per creare nuova moneta in questo mondo, a parte le operazioni di mercato aperto.

Se così non fosse, l'ammontare totale di moneta non cambierebbe mai, il che, a fronte di un'economia in continua crescita, vorrebbe dire una progressiva deflazione, con conseguenze negative sul benessere delle persone.

D'altro canto, questo significherebbe dare alle banche centrali un potere ancora più forte di quello che hanno ora, e questo fa inevitabilmente sorgere degli interrogativi sull'opportunità che un organo non eletto possa avere una così ampia discrezionalità nel decidere come allocare il credito all'economia.

Più in generale, ci porta a riflettere sui rischi del mondo che stiamo descrivendo: il marketplace lending risolve molti problemi, ma non corre il rischio di crearne di nuovi? Quali potrebbero essere? E cosa potrebbe essere fatto per risolverli?

Capitolo 5

I rischi di un nuovo mondo

Pensiamo per un attimo agli enormi problemi creati alle nostre città dalle automobili con motore a scoppio.

Ogni giorno file interminabili di auto si spostano tra le nostre case, avvelenando l'aria che respiriamo, provocando incidenti, congestionando la circolazione e rendendo gli spostamenti lentissimi. Le maggiori città del mondo stanno cercando in ogni modo di limitarne l'uso e investimenti enormi vengono fatti per sviluppare alternative meno dannose, come l'auto elettrica o l'auto a guida autonoma.

Tutti abbiamo pensato, prima o poi, a come dovevano essere belle le nostre città prima delle macchine. Ecco, in realtà non erano così belle, salvo che per concimare i campi.

Uno dei grandi problemi delle città prima dell'avvento delle macchine era infatti lo sterco prodotto dal gran numero di cavalli utilizzati per spostarsi. A Londra, la più grande metropoli del pianeta a inizio '900, ce ne erano 50.000, che producevano più di 500.000 kg di sterco al giorno, per non parlare dell'urina.

La diffusione dei mezzi di trasporto con motore a scoppio nei primi 20 anni del secolo rappresentò quindi un grande miglioramento nelle condizioni di vita delle aree urbane, perché permise di ridurre drasticamente il numero di cavalli e quindi la quantità di sterco da smaltire.

Questa digressione ci serve solo per ricordare quanto un'invenzione che risolve i problemi di oggi spesso sia solo la fonte di nuovi problemi, una volta raggiunto un livello di adozione sufficiente.
L'antibiotico, un'innovazione rivoluzionaria nella lotta alle malattie, rischia di diventare inefficace per l'eccessivo utilizzo, vittima del suo successo. Internet, che ha aumentato enormemente le possibilità di informazione, sempre più spesso diventa il veicolo con cui si trasmettono informazioni false.
Ogni innovazione risolve dei problemi e ne crea di nuovi.

Non c'è motivo di pensare che marketplace banking e marketplace lending saranno un'eccezione. Vale quindi la pena di guardare in faccia alcuni potenziali rischi che la loro diffusione può portare, analizzarli e provare a pensare alle potenziali contromisure.
Questo non sarà sempre possibile: anche nel mondo reale è spesso difficile capire il modo migliore per evitare certi problemi, figuriamoci in questo caso, visto che stiamo parlando dei potenziali rischi di un mondo che al momento non esiste. L'obiettivo dei prossimi paragrafi è quindi di evidenziarli e portarli al centro dell'attenzione, più che di trovare il modo per abbatterli.

Occultamento del rischio

Torniamo per un attimo alla crisi del 2009. Negli anni precedenti, in molti sostenevano che i rischi del sistema bancario fossero decisamente ridotti dall'enorme diffusione dei Credit Default Swap (CDS).

Il CDS è una garanzia offerta da chi lo vende, che si impegna a ripagare un prestito obbligazionario in caso non lo facesse il debitore. Quindi se io ho prestato dei soldi all'azienda Finanzefragili comprando una sua obbligazione, posso acquistare un CDS e dormire sonni tranquilli: se Finanzefragili non ripagherà il prestito, lo farà il venditore del CDS. Ovviamente non per tutti i tipi di prestiti sono disponibili dei CDS, né è possibile comprarli per tutti i tipi di investitori.

Sulla carta è difficile negare che la diffusione di queste garanzie diminuisca il rischio, ma prima della crisi del 2009 c'era un dettaglio che non era noto ai più.

Negli Stati Uniti, una parte sproporzionata dei CDS sulle cartolarizzazioni dei titoli relativi ai mutui, cioè di quei titoli che "incorporano" il rischio di un portafoglio di mutui, era infatti garantita da un'unica azienda, AIG (American International Group), una delle più grandi compagnie assicurative al mondo.

Questa concentrazione di rischi la sottoponeva a un rischio simile a quello di una banca: in caso di crisi che coinvolgesse molti di quei prestiti, AIG si sarebbe trovata a dover pagare cifre insostenibili e non sarebbe stata in grado di rimborsare le banche che avevano comprato la sua garanzia.

È come se, quando una banca chiede ai giovani clienti di avere i loro genitori come garanti del mutuo, tutti avessero gli stessi genitori. Se qualcosa andasse male e ci fossero molte persone che non possono restituire i soldi, quei genitori si troverebbero in una situazione insostenibile e non sarebbero in grado di ripagare la banca. La garanzia cioè non funzionerebbe proprio nel momento in cui ce n'è più bisogno.

È quello che accadde ad AIG nel settembre 2009, costretta a chiedere aiuto allo stato americano con costi esorbitanti per i contribuenti.

Col senno di poi, visti i rischi che aveva assunto, AIG era di fatto un investment bank, ma in quanto compagnia assicurativa non era sottoposta alla relativa regolamentazione.

Esiste un rischio simile anche per il marketplace lending? Esiste cioè il rischio che i marketplace falliscano proprio nella loro missione principale, cioé distribuire il rischio? Sulla carta no, anche perché i prestiti disponibili sullepiattaforme sono vendibili ad altri investitori. Questo vuol dire che in caso di necessità di smobilizzo, qualsiasi investitore sarebbe in grado di vendere i suoi prestiti. Inoltre se ci fosse carenza di liquidità, le autorità monetarie potrebbero intervenire sui marketplace per generarla.

Una caratteristica inquietante delle situazioni di crisi è tuttavia l'imprevedibilità del loro comportamento: le garanzie smettono di garantire, le rassicurazioni sulla liquidità generano illiquidità, le iniezioni di fiducia creano sfiducia.

È quindi possibile che, in una situazione di crisi, si evidenzi che da qualche parte nel sistema si sia generata una struttura come quella delle banche attuali, dove c'è un'entità che presta denaro sfruttando la leva finanziaria e la differenza nelle durate di fonti e impieghi, ovvero le caratteristiche distintive della banca che abbiamo visto nel primo capitolo.

Magari si tratterà di operatori che investono sui marketplace e garantiscono di restituire i fondi a vista, cioè in ogni momento, come nel caso di fondi monetari o simili.

Oppure si tratterà di operatori con una forte leva finanziaria e che avranno difficoltà a valutare il reale valore dei prestiti che hanno sottoscritto, specialmente se il loro valore è particolarmente difficile da stimare, come per quelli immobiliari.

Insomma, anche un entusiasta di marketplace come me non può escludere che questo accada, pur senza essere in grado di prevedere i dettagli di come questo possa accadere.

Come fare per gestire un rischio così sfuggente e privo di forma? Il modo migliore è di confermare i poteri delle autorità di vigilanza per identificare potenziali situazioni di rischio di tipo "bancario" e prendere adeguate contromisure. Proprio perché non è possibile prevedere in anticipo cosa accadrà, l'unica possibilità è quella di affidarsi al ruolo della vigilanza piuttosto che a un insieme di regole che diventerebbero rapidamente obsolete e potrebbero creare più nicchie di rischio di quelle che impediscono.

Su questo, come su altri temi, non sono contrario all'esistenza della regolamentazione. Mi sembra anzi giustificata alla luce della particolare rilevanza del bene scambiato, il denaro, e della necessità di garantire la fiducia di tutti gli attori economici nel buon funzionamento del sistema finanziario, tanto più che questo ha dimostrato più volte di non essere in grado di autoregolarsi.

Quel che conta è che questa regolamentazione sia misurata e poco costosa, obiettivi facilmente raggiungibili al confronto dell'attuale normativa bancaria.

CREDIBILITÀ DELLE PIATTAFORME

Il tema della credibilità riguarda quasi tutte le istituzioni che hanno a che fare con la finanza e infatti generalmente tutti gli istituti finanziari sono sottoposti a regole per rendere più difficile che schemi fraudolenti o inverosimili prendano piede, togliendo credibilità all'intero sistema.

Un esempio sono i requisiti di onorabilità e professionalità degli esponenti aziendali, che hanno l'obiettivo di evitare che le aziende che offrono servizi finanziari possano avere un'estrazione poco raccomandabile o un'insufficiente esperienza nel settore.

Un altro esempio è la prescrizione di particolari strutture organizzative, come l'internal audit, per tutte le aziende che offrono servizi finanziari.

Lavoro in questo settore da anni e ho toccato con mano diverse volte come il contatto diretto con il denaro attiri un gran numero di persone a cui non vorrei far gestire le finanze di nessuno. Allo stesso modo, ho diverse esperienze di come una bassa cultura finanziaria renda le persone vulnerabili di fronte a questo rischio, e di quanto tutto questo si ripercuota negativamente sulla credibilità dell'intero settore.

Il rischio quindi chiaramente esiste, ma ho delle perplessità sulla reale efficacia delle attuali normative, anche alla luce dei costi che impongono.

Si tratta di un tema che esula chiaramente dagli obiettivi di un libro come questo. Mi limito a osservare che sarebbe bello vedere nei prossimi anni la sperimentazione di modalità di regolamentazione diverse da quelle attuali e che siano più basate su logiche di trasparenza e di valutazione da parte dei clienti.

Per esempio, invece di imporre la stessa regolamentazione a tutti gli operatori, si potrebbe pensare di definire dei livelli di certificazione con requisiti crescenti, lasciando alle piattaforme decidere a quali requisiti adempiere, e ai loro clienti decidere se questi sono adeguati.

CAPITOLO 5

Potere delle banche centrali

Nel capitolo precedente ho descritto il nuovo ruolo delle banche centrali in un sistema di marketplace lending e mostrato che una politica monetaria sarebbe possibile solo con una radicale riforma degli strumenti utilizzati dalle banche centrali, in particolare dando loro la possibilità di agire direttamente sui marketplace, con operazioni di mercato aperto non convenzionali.

Concedere alle banche centrali questo potere sarebbe però un passo rivoluzionario.

Negli ultimi anni si è assistito a un dibattito intenso di fronte alle operazioni di "Quantitative Easing" e "Credit Easing" (QE e CE) condotte da diverse autorità monetarie a partire dal 2009 per stimolare l'economia a seguito della Grande Recessione.

Anche in questo caso si è trattato di operazioni sul mercato aperto non convenzionali: a renderle innovative erano innanzitutto la scala gigantesca e la gamma molto superiore di titoli acquistabili.

Inoltre, il loro obiettivo era diverso rispetto al passato: mentre le classiche operazioni sul mercato aperto cercano di influenzare il livello dei tassi a breve termine, variando la quantità dei titoli a breve termine disponibili, l'obiettivo del QE era di aumentare direttamente la quantità di moneta, abbattere il livello dei tassi a lungo termine, costringere quindi gli investitori a spostarsi verso investimenti più rischiosi come le azioni, farne aumentare il valore, far sentire più ricchi gli investitori che li possedevano e convincerli infine a incrementare i consumi.

I risultati di questa politica sono stati molto positivi, ma una svolta così radicale ha anche creato polemiche, sia negli Stati Uniti che in Europa. Del resto, con il QE le banche centrali hanno assunto un ruolo più politico: solo per citare alcuni degli impatti, l'aumento del valore delle azioni ha riguardato soprattutto gli strati più ricchi della popolazione, mentre l'accumulo di titoli di stato conseguente agli acquisti ha portato le banche centrali a essere tra i principali investitori di alcuni stati. Entrambi questi impatti erano inevitabili, ma anche discutibili.

Si può quindi facilmente immaginare quanti dubbi potrebbe sollevare l'idea di avere le banche centrali come creditori diretti di persone o aziende. Ci sarebbero controversie sia per l'effettivo impatto che questo potrebbe avere sulla vita delle persone, che per la governance delle banche centrali, i cui vertici non vengono eletti e non sono quindi rappresentativi.

Non è solo una questione relativa all'effettivo esercizio del potere, ma anche alla percezione che il pubblico potrebbe avere delle autorità.

Per esempio, qualche anno fa mi trovavo a Berlino a un evento fintech, il genere di eventi in cui si potrebbe dare per scontato che una società che non utilizzi contante sia meglio di quella attuale.

Trovandomi a pranzare con un imprenditore tedesco ho distrattamente fatto un commento in questo senso. Mal me ne incolse: poche cose preoccupavano il mio commensale come un mondo dove tutti i soldi fossero digitali, perché in un mondo di questo tipo il potere delle banche centrali sarebbe stato enormemente superiore. Una banca centrale avrebbe potuto per esempio imporre tassi negativi senza temere conseguenze, perché non ci sarebbe stata nessuna alternativa al tenere il denaro digitale in banca.

Personalmente non credo che preoccupazioni di questo tipo siano fondate. Ritengo che l'attuale governance delle autorità monetarie, tipicamente nominate da organi elettivi, rappresenterebbe un ottimo compromesso tra necessità di indipendenza e di *accountability* anche se fosse necessario espanderne i poteri.

Credo inoltre che sarebbe possibile identificare degli strumenti per limitare la portata delle scelte più politiche delle banche centrali, per esempio obbligandole a investire tramite appositi fondi, o a pari condizioni verso tutti i clienti finanziati, o ancora obbligandole a prendere solo una certa percentuale di ogni prestito.

In un momento di rapida evoluzione del sistema finanziario come quello che viviamo è molto importante mantenere alta la credibilità delle autorità e quindi trovo il dibattito su questo punto molto rilevante, ma rimango convinto che una soluzione ragionevole sarebbe alla portata delle istituzioni attuali.

Il fallimento degli operatori

Il rischio più lampante è dato dal potenziale fallimento di una piattaforma. Come abbiamo visto nei capitoli precedenti, il fallimento di una piattaforma sarebbe meno dannoso del fallimento di una banca, perché non avrebbe conseguenze sistemiche. Anzi, potrebbe avere anche conseguenze positive perché porterebbe nel tempo alla selezione dei migliori modelli di business.

D'altro canto, questo non vuol dire che un evento di questo tipo sarebbe un evento positivo anche per i clienti coinvolti, esattamente come non lo è il fallimento di un'azienda con cui si ha una relazione di lungo periodo, per esempio una compagnia aerea da cui si è comprato un biglietto.

Come garantire equilibrio tra l'esigenza sistemica di avere un metodo di selezione delle aziende migliori e l'esigenza individuale dei singoli clienti delle piattaforme? La risposta è distinta per le piattaforme di banking e per quelle di lending.

Il fallimento delle piattaforme di banking potrebbe avere un rilevante impatto sull'intero sistema dei pagamenti, anche se comunque inferiore a quello di un fallimento bancario.

Si tratta pur sempre di piattaforme che veicolano i pagamenti di persone e aziende e attraverso cui passano gli scambi economici. Inoltre si tratta di aziende che integrano altri servizi finanziari per dare origine a un'offerta bancaria completa. Per queste ragioni, garantire un ragionevole livello di solidità sembra sensato. Il modo migliore per farlo è tramite il mantenimento di requisiti minimi di capitale.

Abbiamo già incontrato i requisiti minimi di capitale quando abbiamo parlato delle banche nel secondo capitolo. Si tratta di limiti che obbligano gli operatori finanziari a raccogliere capitali adeguati, calcolati in proporzione ai volumi di business che generano, in modo da poter fronteggiare più facilmente situazioni negative inattese.

Le autorità europee hanno già identificato da tempo il potenziale e i rischi di questa evoluzione e hanno reagito di conseguenza, con la creazione dell'Istituto di Pagamento, a cui si applicano specifici requisiti minimi di capitale, giustamente diversi da quelli delle banche viste le differenze nel modello di business e nei relativi rischi.

Come sempre, esistono dei punti di miglioramento, soprattutto perché il severissimo trattamento delle attività fiscali anticipate e delle immobilizzazioni penalizza fortemente le società in fase di startup e quelle che fanno rilevanti investimenti tecnologici. Questo è però tipico della normativa in tema finanziario, che procede per tentativi ed errori. Nel complesso comunque l'impianto normativo sembra già adeguato.

Diverso il caso delle piattaforme di lending: in caso di fallimento, i contratti tra clienti finanziatori e finanziati rimarrebbero validi, ma potrebbe venir meno chi ne assicura l'operatività, come per esempio il prelievo e la distribuzione delle rate.

Eliminare questo rischio è quel che conta: per un investitore non è particolarmente rilevante che sopravviva la piattaforma su cui ha investito, ma piuttosto che i prestiti che ha finanziato continuino a pagare le rate.

Lo strumento più adatto per questa situazione esiste già e si chiama *living will*. Si tratta di una sorta di testamento con il quale gli operatori dovrebbero garantire che la gestione del loro portafoglio di prestiti prosegua normalmente anche in caso di fallimento, per esempio tramite accordi con terze parti che si impegnano a continuare il servizio al loro posto.

Anche se questo strumento è già presente nella regolamentazione bancaria, la mia impressione è che non venga considerato come un'arma decisiva per la stabilità del sistema.

Questo è comprensibile nel caso delle banche, entità basate sulla fiducia, dove, una volta che questa è evaporata in caso di fallimento, è veramente difficile pensare a una continuità operativa. Sarebbe invece uno strumento estremamente efficace per le piattaforme di lending, il cui lavoro di gestione dei prestiti già finanziati potrebbe facilmente essere sostituito da qualsiasi altro operatore del settore.

SKIN IN THE GAME

C'è infine un altro aspetto delle piattaforme di lending che sarebbe utile regolamentare: il divieto di avere *skin in the game*.

Con questo termine si intende il fatto che la piattaforma rischi in proprio e non si limiti a gestire l'incontro tra domanda e offerta. Quindi per esempio che decida di finanziare alcuni prestiti, o almeno di partecipare al finanziamento con una percentuale.

Il rischio è che se la piattaforma può intervenire direttamente, lo faccia sulle parti peggiori del business per migliorare le sue performance agli occhi dei clienti, mettendo però a rischio la sua stessa esistenza.

Inoltre, in caso di crisi risulterebbe esposta a tutte le dinamiche tipiche di una banca.

Spesso si pensa che se una piattaforma p2p ha skin in the game sia più affidabile. Non c'è niente di più sbagliato: in realtà la piattaforma ha già skin in the game per il fatto stesso che le performance sono trasparenti. Pensare il contrario è come ipotizzare che Airbnb non si preoccupi dell'esperienza degli utenti, solo perché una volta affittata la casa quel che succede non è più un problema suo.

La realtà è ben diversa, perché qualsiasi motivo di insoddisfazione dei clienti si traduce in difficoltà commerciali nel futuro. Uno degli effetti positivi del marketplace lending è di portare il risk management al centro della dinamica commerciale: per una piattaforma è impossibile avere successo commerciale senza una buona gestione del rischio.

Quando ero risk manager in banca, facevo fatica ad ottenere un'attenzione elevata per i temi di rischio, perché erano una semplice voce di costo da ottimizzare e non avevano la stessa visibilità dei ricavi.

Adesso come CEO di una piattaforma dedico le mie (poche) notti insonni tanto ai ricavi quanto ai rischi, perché la crescita dei primi è possibile solo se gestiamo al meglio i secondi. C'è molto di più che skin in the game, c'è sleep in the game.

Capitolo 6

La sicurezza non basta: il valore di marketplace lending e marketplace banking

Il 13 marzo 2014 l'Economist, probabilmente il più acuto periodico al mondo nell'osservazione dei fenomeni economici, analizzava come il Bitcoin, la più famosa criptovaluta creata finora, "potesse diventare l'internet del denaro". Nonostante i dubbi di alcuni esperti, la previsione era che "se la storia è di qualche aiuto [nel valutare la situazione], il Bitcoin sarà un successo". "E anche se dovesse collassare, molto probabilmente un altro sistema simile prenderebbe il suo posto".

Il 30 agosto 2018 lo stesso periodico presentava un punto di vista drasticamente diverso: il Bitcoin, "a un decennio dalla nascita, viene a malapena utilizzato per quello per cui è stato progettato. Gli utenti devono lottare con un software complicato e rinunciare alla protezione dei consumatori a cui sono abituati. Pochi venditori lo accettano. La sicurezza è scarsa. Le altre criptovalute sono ancora meno utilizzate." "Le criptovalute non sono state all'altezza dei loro obiettivi ambiziosi. I sostenitori della blockchain devono ancora provare che la tecnologia sottostante riuscirà a soddisfare le grandiose aspettative di cui è stata oggetto."

Come si spiega questa differenza di vedute a distanza di pochi anni? L'obiettivo originale del Bitcoin era di risolvere alla radice i problemi di sicurezza nel trasferimento di denaro. È innegabile che sia riuscito a risolvere questo problema e, se per avere successo questo fosse sufficiente, dovrebbe avere sostituito da tempo le tradizionali monete, le cosiddette valute fiat.

Ma questo non è evidentemente il problema più sentito da chi utilizza il denaro. Ci sono altri aspetti che sono considerati più importanti, come la semplicità d'uso e la stabilità del valore della valuta.

Inoltre, alle banche centrali e agli stati, che sono una categoria di utilizzatori di denaro particolarmente rilevante, interessa non perdere il controllo sugli strumenti di politica monetaria che ho descritto nei capitoli precedenti e che sono incompatibili con l'utilizzo del Bitcoin. E almeno le istituzioni dei paesi democratici hanno buone ragioni per farlo, perché la loro governance è stabilita per legge in base a un metodo consensuale, mentre quella delle criptovalute è decisamente meno trasparente.

Questo è quello che al momento impedisce al Bitcoin e alle altre criptovalute di avere applicazioni concrete in ambito finanziario.

Personalmente penso che la loro adozione avverrà, ma in ambiti diversi da quello finanziario. Non è questo però l'aspetto che voglio sottolineare; il motivo per cui parlo di Bitcoin è perché è giusto domandarsi quale sia il valore generato dal marketplace lending e dal marketplace banking: abbiamo visto che potrebbero rendere più sicura la finanza, ma risolvono effettivamente il problema più rilevante dei loro utenti?

Quello che mostra la traiettoria del Bitcoin è che la vera sfida che le innovazioni devono superare è quella di risolvere un problema essenziale per il cliente. Non basterà avere un modello di business che renda il mondo più sicuro una volta ogni 100 anni, ma bisognerà convincere i clienti che stanno ricevendo più valore giorno dopo giorno.

Il valore del marketplace lending è testimoniato innanzitutto da tassi di crescita impressionanti.

Basta dare un'occhiata a una piattaforma di lending per notare il valore più evidente che viene dato ai clienti, e cioè il rendimento che ricevono gli investitori. Si tratta di un rendimento che è solitamente di parecchi punti percentuali superiore a quello delle forme di investimento offerte dalle banche tradizionali. Del resto è logico che sia così: i clienti finanziatori agiscono come se fossero una banca e quindi ne incamerano gli interessi, senza però supportare le spese di struttura e capitale.

L'investimento non è ovviamente privo di rischi (quale investimento lo è?) e tra questi il principale è che chi viene finanziato non restituisca il prestito. In genere però ogni investimento viene prestato a una pluralità di controparti, che hanno un rischio molto limitato di smettere di pagare tutte insieme.

I vantaggi non si fermano però agli investitori: in un marketplace il tasso a cui vengono prestati i soldi dipende dall'equilibrio tra domanda e offerta. Questo significa che un aumento della disponibilità di investimenti, per esempio perché attratti dai rendimenti, può spingere in basso il tasso e quindi portare benefici anche a chi chiede denaro.

Trovare il prezzo di equilibrio tra un gran numero di controparti è uno di quei problemi per i quali avere una soluzione di mercato è più efficiente di qualsiasi forma di pianificazione, perché togliere gli ostacoli all'incontro tra domanda e offerta porta vantaggi a entrambi i lati.

Né questo significa che ad essere insoddisfatti saranno gli azionisti:

basta confrontare le valutazioni delle piattaforme rispetto a quelle delle banche, soprattutto in relazione al valore di bilancio, per capire che un gran numero di investitori ritiene che questo modello di business sarà molto più redditizio di quelli tradizionali.

Il fatto di riuscire a dare più valore allo stesso tempo a investitori e azionisti può sembrare strano, ed effettivamente dipende dalla presenza di due ingredienti speciali: la specializzazione dei fondi e la trasparenza. I fondi degli azionisti e degli investitori hanno infatti due destinazioni diverse, con diversi rischi e rendimenti: quelli degli investitori servono a finanziare i prestiti e ricevono un tasso di interesse prefissato; quelli degli azionisti non vengono prestati, ma finanziano il funzionamento e lo sviluppo dell'azienda che gestisce la piattaforma, con rendimenti più alti ma anche più volatili e rischiosi.

Il migliore abbinamento tra la tipologia di investimento e i relativi rischi diminuisce l'incertezza e aumenta l'efficienza dell'investimento, con ricadute positive per tutti. È un po' come abbinare il giusto carburante al motore più adatto per la sua combustione, senza mescolarne tipologie diverse.

Inoltre il regime di trasparenza brutale a cui sono sottoposte le piattaforme ne migliora il trattamento dei rischi: ogni errore in questo senso non potrà essere nascosto in un unico numero nel bilancio, ma diventerà immediatamente visibile ai clienti, giorno dopo giorno, prestito per prestito. Questo ruolo fondamentale della gestione dei rischi nella relazione con i clienti finanziatori ne migliora il trattamento, perché lo riporta al centro dell'attenzione del management, come spiegavo nel capitolo precedente.

Il valore del marketplace banking si intreccia invece con quello del mondo fintech, o almeno di quella parte del fintech che offre servizi finanziari a persone e aziende. Non sono infatti solo le piattaforme che aggregano i servizi a costruirne l'offerta, ma l'intero ecosistema che collabora per generare valore per il cliente.

Quello del fintech è un panorama ancora in piena evoluzione e che si basa su un gran numero di modelli di business differenti, il che rende difficile darne una valutazione complessiva senza addentrarsi nel terreno scivoloso delle previsioni sulla direzione che prenderà il mondo in futuro.
È già possibile però osservare il successo di alcuni attori, che ho già ampiamente citato nei capitoli precedenti, e rintracciare una serie di elementi che fanno pensare che questo successo non sia casuale.

Questi elementi discendono tutti in qualche modo dal fatto che le aziende fintech siano nativamente digitali. Questo è un fatto abbastanza intuitivo, se non altro per la mancanza di costose e ingombranti strutture fisiche. Vale però la pena scavare più in profondità per capire attraverso quali meccanismi il fatto di essere nativamente digitali favorisca il fintech.

Innanzitutto sono gli stessi elementi fondamentali che contraddistinguono l'evoluzione del fintech e che ho spiegato nel terzo capitolo, la specializzazione di prodotto e la collaborazione, a dare un vantaggio competitivo a queste aziende.
Come ricorderete, la scelta di specializzarsi deriva dalla necessità di ritagliare mercati piccoli sui quali riuscire a fare concorrenza a realtà molto più grandi. Ma vista dal lato del cliente, questa scelta significa cercare di risolvere un singolo problema dei clienti, e questo è di per

sé un punto di forza, perché è molto più semplice creare valore affrontando un singolo problema, rispetto a provare a risolverne tanti.

Un approccio di questo tipo esisteva anche prima della transizione al digitale, ma è diventato più rilevante grazie a questa, perché come vedremo tra poche righe pone più focus sulla qualità del prodotto che sulla relazione con il cliente.

Inoltre, la facilità di integrare servizi diversi tipica del digitale permette ai clienti di godere della qualità di prodotti estremamente specializzati senza rinunciare alla comodità di accesso in un unico punto.

Dall'essere nativamente digitali discende anche il fatto che il fintech non si porta dietro una serie di eredità pesanti.

La prima è regolamentare: il costo imposto dalla crescente regolamentazione alla creazione di nuovi business bancari rende difficile la creazione di tanti attori con dimensioni anche piccole, che possano sperimentare una pluralità di modelli di business, lasciando ai clienti la scelta del migliore. Si tratta di un fondamentale meccanismo di innovazione, assente nella finanza tradizionale.

Il fintech invece, che come ho già mostrato pone meno rischi per l'economia, tende a essere meno regolamentato e quindi più pronto a sperimentare nuovi modelli di business. Su questo mi preme sottolineare che non si tratta di un ritardo nell'adeguamento della normativa a una nuova realtà, ma che è effettivamente più sensato avere meno regolamentazione a fronte di un livello inferiore di rischi.

Un altro fardello assente nel fintech è quello tecnologico. La tecnologia delle banche è stata sviluppata negli anni '70-'80 e non è facile adattarla al mondo attuale.

Non è un problema che si possa risolvere semplicemente spendendo più soldi, ma è innanzitutto culturale. Le tecnologie digitali permettono di fare tutto con grande facilità e non presentano le difficoltà di realizzazione di un prodotto del mondo reale, per il quale esistono vincoli materiali dettati dalle leggi della fisica.

Questa abbondanza di opportunità pone però un rischio, quello di farsi prendere dalla foga di creare sempre cose nuove, invece di concentrarsi su quelle che danno veramente valore. Nel mondo digitale è quindi essenziale capire cosa valga davvero la pena sviluppare e farlo in maniera efficiente. Per questo è necessario adottare un metodo di lavoro rigoroso e avere una grande capacità di dialogo con chi fa business, e in ultima analisi con i clienti.

Si tratta di trasformazioni che non possono essere limitate al dipartimento IT, ma che richiedono un diverso approccio per l'intera organizzazione. E questo ci porta a un'altra eredità, legata alla mancanza di cultura digitale.

Le banche sono nate in un'epoca non digitale ed è difficile adattarsi a un mondo che è cambiato così tanto in così poco tempo.

La cultura di un'organizzazione deriva innanzitutto dal rapporto che si crea con i clienti. Per le aziende non digitali il problema fondamentale è portare i clienti in negozio, o in filiale nel caso delle banche, perché una volta lì la relazione è favorevole al venditore: l'asimmetria informativa, la relazione umana venditore-cliente e i costi sopportati dal cliente per arrivare lì rendono la vendita probabile.

Per le aziende digitali il problema fondamentale invece è proprio convincere i clienti, una volta arrivati nel loro negozio digitale, a comprare: in mancanza di tutti quegli elementi di facilitazione, al cliente basta un click per uscire.

Questo squilibrio della relazione con il cliente è quello che rende le aziende digitali generalmente più attente alla trasparenza, alla generazione di fiducia e alla qualità del prodotto.

Ne ho avuto una diretta esperienza proprio mentre lasciavo il mio posto di lavoro in banca per fondare Soisy. Un po' per affrontare eventuali imprevisti, un po' per testare sul campo la concorrenza, avevo provato a chiedere un prestito online sul sito di una finanziaria, ma la richiesta si era bloccata. Neanche un'ora dopo, mi arriva una loro telefonata: purtroppo era impossibile farmi proseguire online, ma avrei potuto riprendere la richiesta andando in una filiale, con la quale erano felici di fissarmi un appuntamento.

La filiale era un dimesso negozio nella periferia di Roma con arredamenti anni '90, ma ad accogliermi c'era una signora simpatica e competente, che mi mostrò subito la proposta di contratto.

Curiosamente, il tasso di interesse nel passaggio da internet al negozio si era trasformato da meno del 7% a oltre il 10%. La signora mi spiegò con sollecitudine che il tasso che avevo visto online valeva solo sul sito, mentre io ormai ero in filiale. Darmi lo stesso tasso "non era nei suoi poteri", ma generosamente mi scontò mezzo punto percentuale alla luce del mio brillante profilo (la stessa cosa che probabilmente aveva detto alla maggior parte dei clienti che mi avevano preceduto).

Inoltre, scoprii che avevo deciso, a mia insaputa, di comprare un'assicurazione a protezione del credito. Feci notare che come responsabile del Risk Management di una banca sapevo perfettamente che è proibito obbligare i clienti a comprare una polizza. La risposta mi spiazzò: "Se lavora in banca, oltre alla normativa conoscerà anche come funzionano le cose. Certamente lei può scegliere di non prendere la polizza, ma questo renderà molto difficile l'approvazione del prestito da parte dei nostri deliberanti." Feci anche notare che avrei potuto recedere dalla polizza il giorno dopo e tenere il prestito: "Vede che sa anche come fare per evitare di pagare la polizza? Però in questo modo è sicuro dell'approvazione e mi aiuta anche a prendere il premio di fine anno. Sa bene come funzionano queste cose no? Anzi, non è che vorrebbe anche una carta revolving? Come saprà, se non la utilizza non le costerà nulla, ma mi darebbe un altro aiuto per il premio di fine anno". Stremato e tutto sommato favorevole a darle una mano, accettai polizza e carta.

Proprio mentre stavo per firmare il contratto, l'occhio mi cadde sul consenso alle comunicazioni marketing, quella casella che si barra per accettare di essere ricontattati per delle offerte pubblicitarie. Non l'avevo dato nella mia richiesta online, ma ancora una volta le condizioni cambiavano in filiale. In un sussulto di orgoglio mi ribellai: potevo anche accettare di prendere tre prodotti invece dell'unico che avevo chiesto, ma non avrei mai accettato di venire tormentato da lettere e telefonate per il resto dei miei giorni. Chiarii la mia posizione con brutalità e la signora non vide nessun problema ad aiutarmi, dopo tutto ottenere il consenso marketing non veniva conteggiato per il premio di fine anno, che era apparentemente il metro con cui misurare ogni cosa. Però mi confessò candidamente che non sapeva come fare a toglierlo, perché mai nessun cliente si era accorto di cosa stesse firmando.

Finalmente capì come fare e mi ritrovai felice intestatario di tre prodotti finanziari, uno più costoso di quel che mi era stato detto, uno che non avrei mai usato e uno che avevo intenzione di eliminare il giorno dopo.

Non credo che la situazione sia ancora questa, il mondo cambia velocemente e mi aspetto che oggi nessuno ti costringa a passare da una richiesta online ad una in filiale. Però era il 2015, non il 1995; anche allora ci si poteva aspettare che un sito internet funzionasse e che fosse possibile riprendere una richiesta in caso di interruzione.

Viene naturale allora chiedersi quale possa essere il ruolo delle banche in un mondo digitale. Le banche non hanno generalmente un buon rapporto con l'innovazione: negli ultimi 50 anni le novità per i consumatori sono state rare al di fuori dell'introduzione del bancomat e dell'home banking.

L'innovazione infatti si basa sull'accettazione della possibilità di fallire: se ci fosse certezza del risultato, questo sarebbe alla portata di tutti e non ci sarebbe nessuna reale novità.

Come però abbiamo visto, il fallimento bancario è un incubo per la nostra società, che cerca di evitarlo in ogni modo.

Questo approccio ha come conseguenza quella di dare il tono alla cultura dominante nelle banche, che premia l'assenza di errori più della ricerca dell'innovazione.

Questo è diventato ancora più vero a seguito della Grande Recessione, quando il sistema bancario si è trovato nella necessità di rafforzare fortemente il capitale, per abbassare il livello di leva finanziaria eccessiva a cui era arrivato.

Negli stessi anni sono scoppiati anche numerosi scandali legati al mancato rispetto della regolamentazione, il che ha spesso comportato un ulteriore rafforzamento delle normative applicabili: tutto questo ha richiesto forti investimenti sull'analisi e sul controllo del rispetto della regolamentazione.

Inevitabilmente la necessità di finanziare questi investimenti ha ridotto i fondi disponibili per il miglioramento dell'offerta di valore e in particolare per la transizione al digitale.

Il risultato è stato quello di indebolire le banche come attori del mercato e renderle ancor di più delle enormi burocrazie, protette da barriere regolamentari e da un'implicita garanzia statale.

È naturale quindi che le persone all'interno, anche se in possesso di un genuino spirito imprenditoriale, siano state spinte a muoversi con gradualità e a concentrarsi sul contenimento dei costi più che sull'invenzione di nuove modalità di servizio, incerta per natura.

Nonostante questo, ritengo che il termine fintech non possa essere limitato solo a startup di recente costituzione, ma si debba applicare a tutte quelle aziende che attribuiscono un ruolo fondamentale alla tecnologia nella loro offerta di valore verso i clienti e che sono aperte all'innovazione.

E infatti non mancano banche in piena transizione verso l'adozione della tecnologia come generatore di valore. Si tratta di operatori che sono riusciti a migliorarsi rispetto agli svantaggi che ho elencato, facendo leva al tempo stesso sul loro enorme patrimonio di competenze, relazioni e fondi.

Un buon esempio è Santander in Spagna che, oltre a essere un rilevante attore del venture capital, ha pianificato di spendere 20 miliardi di euro entro il 2023 per continuare la sua trasformazione digitale. Inoltre dal 2014 ha una partnership con Funding Circle per il finanziamento dei prestiti alle proprie aziende clienti.

Un altro, più vicino a noi, è Banca Sella, che ha acquisito una piattaforma di marketplace lending, Smartika, sviluppato una piattaforma di open banking, Fabrick, e incubato una app di pagamenti digitali, Hype.

Mi sembra significativo l'interesse che hanno questi due attori per le tematiche di marketplace lending e marketplace banking che sono al centro di questo libro.

In questa transizione pesano anche delle difficoltà molto concrete, come il timore di cannibalizzare i ricavi del proprio business non digitale. L'esempio più famoso in questo senso non viene dal settore finanziario, è quello di Kodak.

Primo produttore di pellicole per macchine fotografiche al mondo, Kodak è stata anche la prima azienda a rendersi conto del potenziale della fotografia digitale. C'era solo un piccolo problema: le macchine digitali non usano pellicole, ovvero il prodotto che generava la quasi totalità dei ricavi. Abbracciare la transizione al digitale significava quindi accettare il declino di questa linea di business. Kodak decise di posticipare per decenni la decisione, fino a prenderla troppo tardi ed entrare in un declino irreversibile, culminato con il fallimento del 2012.

Quello di Kodak non è però un percorso obbligato: ci sono infiniti esempi di aziende che si sono adattate a bruschi cambiamenti del loro ambiente. La stessa Kodak può vantarne due: quando a fine Ottocento passò dalla produzione di macchine fotografiche a quella di pellicole, perché la concorrenza sulle prime era troppo forte, e quando negli anni '10 del Novecento abbracciò per prima le pellicole a colore, nonostante non avessero ancora la qualità del bianco e nero.

Ecco, si sta avvicinando il momento per le banche di decidere a quale di queste "situazioni Kodak" vogliano ispirarsi, di fronte a un'evoluzione accelerata che le sta scuotendo dalle fondamenta dopo secoli di innovazione graduale.

Si può reagire a queste dinamiche cercando di fare resistenza e di spremere gli ultimi profitti da un modello di business decadente. Oppure si può abbracciare il cambiamento e trovare nuovi modi per offrire i servizi della banca tradizionale, inseguendo la soddisfazione dei clienti e non i risultati del prossimo trimestre, la stabilità del sistema e non la massimizzazione dell'indebitamento. Anche le banche possono abbracciare la banca senza la banca.

Capitolo 7

La banca senza la banca

Siamo alla fine di questo libro e dovremmo avere ormai risolto l'apparente contraddizione nel titolo di questo manifesto.

Da un lato c'è la banca come funzione sociale e come tecnologia che ha permesso di raccogliere fondi, convogliarli verso utilizzi produttivi, gestire i necessari pagamenti per accrescere il benessere della società in cui viviamo.

Dall'altro c'è la banca come modello di business basato sulla leva finanziaria e sulla differenza tra durate di fonti e impieghi, con la sua contraddizione tra ricerca del profitto e aumento della fragilità. Una contraddizione che esplode periodicamente in rovinose crisi bancarie. Non sappiamo quando arriverà la prossima, ma possiamo contare sul fatto che accadrà.

Intanto il mondo prosegue la transizione verso l'economia digitale, nella quale le banche sembrano pesci fuor d'acqua. L'ambiente in cui operano è sempre più volatile, perché le esigenze dei clienti mutano sempre più rapidamente, mentre la loro capacità di adattarsi è sempre minore: troppo concentrate sul rafforzarsi internamente, hanno perso la capacità di ascoltare i loro clienti e di investire per adeguarsi ai loro nuovi bisogni.

Negli ultimi cinque secoli non è stato possibile scindere i due aspetti della banca, la funzione sociale dal modello di business.

Ma ora è quello stesso sviluppo tecnologico che provoca l'inadeguatezza delle banche ad offrire anche gli strumenti per superarla.

I nuovi modelli di business fintech del marketplace lending e del marketplace banking, basati sulla specializzazione e sulla collaborazione tra operatori diversi, permettono di immaginare un ecosistema di aziende integrate per offrire l'intera gamma di servizi finanziari.

Un ecosistema che non mette a rischio il benessere della società, perché non si basa sulla trasformazione di rischi e durate da parte di un'unica azienda. Un ecosistema in cui ogni elemento è strutturalmente aperto alla collaborazione con le altre componenti, unica strada per generare resistenza agli shock. Un ecosistema basato sulla competizione e sulla possibilità di fallire senza mettere a rischio l'integrità del sistema finanziario, unica strada per generare valore per i clienti. Un ecosistema basato sulla banca senza la banca.

RINGRAZIAMENTI

Vorrei innanzitutto ringraziare chi mi ha ispirato questo libro, ovvero Ciccio Trucchia, Marco Ferrero e Aura Bertoni.

Ciccio mi ha trascinato in numerose e interminabili conversazioni che hanno generato tante delle riflessioni qui riportate, come per esempio in questa chat del giorno di Capodanno 2018.

> **pie** Jan 1st, 2018 at 13:20
> 4. Le mie conclusioni: il ruolo delle banche nei meccanismi di trasmissione della politica monetaria é troppo forte, la banca centrale farebbe molto meglio a investire direttamente nei mktplace di p2p lending. Forse su sta cosa dovrei scriverci un libro 😦
>
> 5 replies
>
> **ciccio** 2 years ago
> Questa mi sembra un'ottima idea. Io scriverei proprio un libro su come fare una banca senza la banca e le implicazioni che questo avrebbe nelle politiche monetarie ed economiche. Io lo leggerei molto volentieri!
>
> **pie** 2 years ago
> Ho sempre tre dubbi su questo: 1. Sarei in grado? 2. Quanto tempo mi porterebbe via? 3. A parte te chi lo leggerebbe? Perché se no famo prima con una telefonata 😂

Marco ha invece dato un senso di "business" alla scrittura di un libro, fornendomi quindi un ottimo alibi per dedicargli il tempo necessario.

Aura infine mi ha sempre incoraggiato a scrivere negli ultimi due anni, salvo rifiutarsi inspiegabilmente di leggere il prodotto finito (non un buon viatico per il terzo dubbio che esprimevo nella chat qui sopra...).

Un contributo se possibile ancora più forte l'hanno dato poi tutti quelli che hanno letto il testo in anteprima e che mi hanno aiutato a capire i (tanti) passaggi oscuri e a riscriverli: Mariacristina Romano, Giorgia Pavia, Alberto Di Maio, Simone Pescina, Ana Milovic, Andrea Sandro, Mariateresa Maggiolino e tutta la mia famiglia.

Infine, un grazie di cuore a Enrico Pangrazi per la splendida copertina e per la pazienza nell'impaginazione.

NOTE, CONTRIBUTI, RIFERIMENTI

Non mi piacciono i libri lunghi e poco leggibili, e ho quindi cercato di scriverne uno breve, con capitoli di massimo 15 pagine e senza fastidiose note a pié di pagina.

Vista la complessità della materia trattata, questo ha significato lasciare fuori quegli approfondimenti e riferimenti che non erano strettamente necessari allo sviluppo dell'argomentazione. Ho pensato quindi di inserirli in questa sezione insieme ai riferimenti bibliografici.

Capitolo 1

Per quanto riguarda l'evoluzione del ruolo della banca nella nostra società ho fatto riferimento a *The Ascent of Money* di Niall Ferguson.

Le statistiche sulla fiducia delle persone nelle banche derivano da sondaggi SWG per l'Italia e Gallup per gli Stati Uniti (sospetto comunque che per la maggior parte dei lettori questa non sia stata una scoperta). I dati riportati nella premessa e relativi al budget USA per il

2009 sono reperibili su

https://web.archive.org/web/20151021072037/https://www.whitehouse.gov/sites/default/files/omb/budget/fy2016/assets/hist.pdf#page=158.

L'osservazione che le banche creano moneta e più in generale che la concessione di prestiti precede la ricerca di fonti di denaro è molto ben spiegata nell'articolo *Money creation in the modern economy*, di Michael McLeay, Amar Radia e Ryland Thomas della Bank of England, disponibile al link:

https://www.bankofengland.co.uk/-/media/boe/files/quarterly-bulletin/2014/money-creation-in-the-modern-economy.pdf?la=en&hash=9A8788FD44A62D8BB927123544205CE476E01654

La maggior parte dei concetti presentati nel resto del capitolo derivano soprattutto dalla mia esperienza bancaria.

Per esempio, la figura in basso mostra qualche dettaglio in più di come funzionava nel 2012 la banca dove lavoravo, BNP Paribas, allora come oggi una delle più solide in Europa.

A destra ci sono le fonti di finanziamento, tra cui spiccano i fondi propri, poco più del 10% del totale. Da notare che più del 70% delle fonti di fondi era composta da finanziamenti a breve termine o depositi.

A sinistra ci sono gli impieghi, per oltre 60% prestiti ai clienti, ovvero impieghi illiquidi e con durate anche molto lunghe (si pensi per esempio ai mutui residenziali, quasi un terzo degli impieghi).

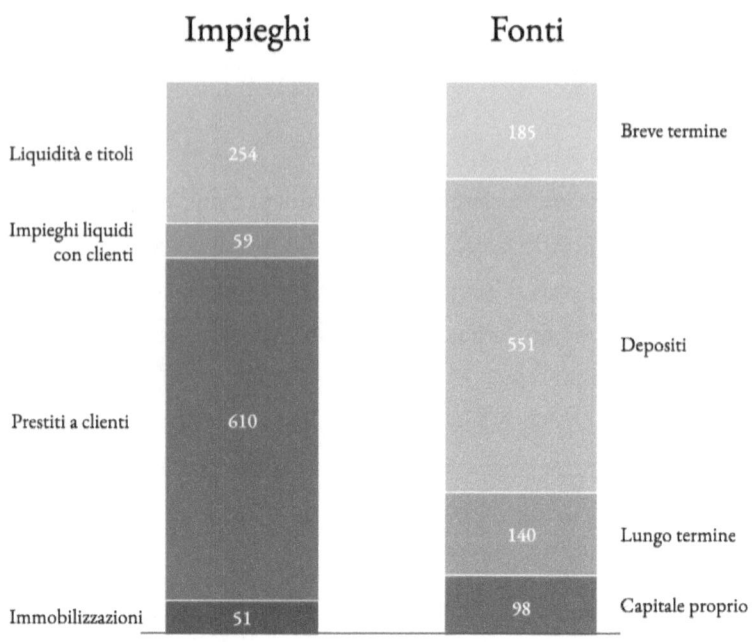

Fonte: presentazione BNPP agli investitori, 4Q 2012

La dimensione stessa dei prestiti alla clientela dà un'idea del valore creato dalla banca: si tratta di 610 miliardi di euro, una cifra che quasi nessuno sarebbe in grado di raccogliere da solo e che dà alla banca una straordinaria capacità di gestire i rischi di liquidità e credito.

Colgo l'occasione per spiegare perché utilizzo nel libro l'espressione "creazione di valore": chiaramente buona parte del valore generato dalla banca è rappresentato dalla creazione di ricchezza, tuttavia la sua funzione sociale non si limita a quello. Per esempio, la valutazione della capacità di ripagare un prestito contribuisce a convogliare le risorse finanziarie sulle migliori opportunità ed evita a molte persone il disagio di prendere un prestito che non potranno ripagare. Oppure la comunicazione legata a certi prodotti permette di migliorare l'educazione finanziaria delle persone.

Sia chiaro che non sto dicendo che le banche si preoccupino sempre di dare un valore più vasto della semplice creazione di ricchezza, anzi si può serenamente affermare che negli ultimi anni non abbiano dato neanche questo. Intendo solo sostenere che nel ruolo della banca c'è di più del solo denaro.

Per inciso c'è un'ipotesi sottostante all'intero libro, e cioè che la nostra società abbia fatto progressi enormi negli ultimi secoli (in parte dovuti all'esistenza del sistema bancario).

Mi sembra una tesi difficile da contestare alla luce della diminuzione della povertà o del fatto che una persona di medio reddito possa permettersi uno stile di vita una volta riservato a pochissimi, però mi rendo conto che non è unanimemente condivisa.

Per esempio, alcuni lettori hanno contestato (grazie Giorgia!) l'accenno alla sanità universale, che in alcuni paesi avanzati non esiste e in altri, come il nostro, funziona male. Vero: per esempio secondo il Census Bureau negli Stati Uniti la sanità copre circa il 90% della popolazione; si tratta però di circa il 90% in più della popolazione coperta due secoli fa, il che mi sembra un chiaro progresso.

Per una trattazione approfondita del progresso della nostra società consiglio la lettura di *Enlightenment Now: The Case for Reason, Science, Humanism, and Progress* di Steven Pinker.

Infine, un'ottima sintesi del duplice ruolo delle banche può essere trovata nel secondo capitolo della *Ricchezza delle nazioni* di

Adam Smith, vissuto proprio negli anni in cui emergevano le prime banche moderne, basate sulla circolazione di cartamoneta e non di metalli preziosi. Ecco qui due estratti che rendono l'idea: "Non è aumentando il capitale del paese, ma rendendone attiva e produttiva una parte maggiore di quanto diversamente sarebbe, che le operazioni più avvedute delle banche possono aumentare l'industria del paese. Quella parte del capitale che un commerciante è obbligato a tenere presso di sé oziosa e in moneta contante per far fronte alle domande eventuali è un capitale morto, il quale, fintanto che rimane in questa situazione, non produce nulla né per lui né per il paese. Le operazioni avvedute delle banche lo mettono in grado di convertire questo capitale morto in capitale attivo e produttivo; in materiali d'opera e strumenti di lavoro e in provviste e sussistenze per i lavoratori; in capitale che produce qualcosa sia per sé stesso che per il paese."

"Si deve tuttavia riconoscere che il commercio e l'industria del paese, sebbene possono essere un poco incrementati, non possono essere altrettanto sicuri in queste condizioni in cui sono in certo senso sospese alle ali di Dedalo della carta moneta come quando si muovono sul solido terreno dell'oro e dell'argento. Essi sono soggetti a diversi altri accidenti oltre a quelli cui li espone imperizia dei gestori di questa carta moneta, dai quali nessuna prudenza o abilità di gestione può guardarli."

Capitolo 2

Per la storia della banca in crisi sono debitore di diversi libri sulle crisi bancarie, come il classico *A Financial History of Western Europe* di Charles Kindleberger e *This time is different: Eight Centuries of financial folly* di Carmen Reinhart e Kenneth Rogoff.

Devo comunque sottolineare che si tratta di una storia del tutto fittizia, come dimostrato anche dal fatto che per semplicità ignora l'intervento delle autorità, che tipicamente combattono le crisi bancarie con tutti gli strumenti a loro disposizione.

Per la crisi del 2008-09 mi sono stati di grande ispirazione *The big short* di Michael Lewis e soprattutto *Crashed* di Adam Tooze. Il mio riassunto della crisi è chiaramente molto ridotto e manca di diverse componenti rilevanti. Il mio obiettivo era solo quello di dare un esempio concreto di crisi e non di descrivere nel dettaglio quello che è successo nel 2008.

Vorrei invece controbattere qui a due descrizioni alternative della crisi che hanno spesso rilevanza sui media.

La prima è che la crisi sia stata causata in maniera diretta dall'avidità delle banche. Si tratta di una semplificazione evidente: l'intera economia capitalista è basata sulla ricerca del benessere e i risultati che ha ottenuto derivano anche dall'esistenza di questa molla, che motiva tutti a fare sempre meglio.

Inoltre, non ha molto senso parlare delle banche come se fossero una categoria maligna che si arricchisce a spese della società: la realtà è che le banche non esistono, non sono persone con cui abbia senso arrabbiarsi. Sono aziende quasi sempre quotate in borsa e quindi possedute da un numero enorme di persone, spesso piccoli risparmiatori. Non ha senso pensare a un risparmiatore come "cattivo" se investe in titoli bancari e "buono" se investe in titoli tecnologici.

Del resto nell'ultima crisi le banche, o meglio le persone che le posseggono, sono state tanto carnefici quanto vittime, e hanno pagato care le loro scelte. Dal 2007 al 2019 l'indice delle banche europee ha perso il 70% del valore; i "proprietari" delle banche hanno perso cioè circa due terzi del loro investimento negli ultimi 12 anni.

Un caso estremo di questo tipo è stato quello di Dick Fuld, CEO ma anche grande azionista della banca di investimento Lehman Brothers al momento del suo fallimento. Come raccontato magistralmente da Andrew Ross Sorkin in *Too Big to Fail: The Inside Story of How Wall Street and Washington Fought to Save the Financial System--and Themselves*, Fuld era convinto della bontà delle sue scelte strategiche, al punto da rifiutarsi di diminuire l'esposizione della banca a titoli tossici e a respingere tutte le offerte di acquisizione, fino a quando non diventò troppo tardi per salvare la banca e buona parte del suo patrimonio.

Non credo si possa trovare parabola più azzeccata per rappresentare la situazione ambivalente in cui si trovano le banche, al tempo stesso creatrici di ricchezza e generatrici di povertà.

La seconda tesi è che sia stata tutta colpa delle cartolarizzazioni. Per controbattere devo innanzitutto spiegare meglio in cosa consiste una cartolarizzazione.

Prendiamo una banca che abbia finanziato un portafoglio di 1000 mutui residenziali da 100.000 $, cioè un totale di 100 mln $. Si tratta di mutui standard, i cui intestatari pagano ogni mese una rata che comprende una parte del capitale iniziale e gli interessi sul capitale non rimborsato.

Cartolarizzare questo portafoglio vuol dire inserirlo in una società separata, un veicolo costituito appositamente per questo scopo, il quale, per esempio, vende 1000 titoli di debito che danno diritto ogni mese al pagamento di una cedola pari a un millesimo delle rate pagate dai mutui. Ogni mese quindi il veicolo riceve le rate dei mutui e le gira a chi ha comprato i titoli.

Il vantaggio per questi investitori è nella possibilità di guadagnare sui mutui senza dover costituire una banca per erogarli. Il vantaggio per la banca è di incassare subito il prezzo a cui vengono venduti i titoli e quindi diminuire il suo fabbisogno di liquidità. Inoltre, questa liquidità può essere utilizzata per ripagare debiti e quindi diminuire la leva finanziaria.

Quella che ho descritto è una versione semplificata di una cartolarizzazione, priva di una serie di strutture che tralascio per non appesantire la narrazione. Ce n'è una però che non posso evitare di menzionare: il tranching. Con questo sistema, i titoli non sono tutti uguali, ma danno diritti diversi ai possessori.

Per esempio, immaginiamo che ci siano due tipi di titoli, 900 titoli senior e 100 junior. I secondi vengono pagati solo se sono stati pagati tutti i primi, il che vuol dire che ricevono qualcosa solo se almeno il 90% dei mutui del portafoglio paga le rate. Ovviamente chi compra i titoli junior riceve un rendimento maggiore, proprio perché sono più rischiosi.

Ora, venendo al ruolo di questi strumenti nella crisi, è innegabile ci siano stati abusi su scala colossale, con le banche d'affari che emettevano titoli cartolarizzando tranche di altre cartolarizzazioni, al solo scopo di aumentare le loro commissioni.

Ma quello che ha messo in ginocchio le banche non è stato certo questo. Il problema è stato che molte banche hanno incautamente deciso di ricomprare proprio la tranche junior. Non solo, spesso l'hanno fatto fare a loro società che per finanziare l'acquisto usavano liquidità a brevissimo termine (30 giorni), nell'assurda convinzione che sarebbero sempre riuscite a rifinanziarsi sul mercato.

Nell'esempio precedente, questo voleva dire creare un veicolo che comprasse i 100 titoli junior per 10 $ mln. Questi 10 $ mln non venivano forniti dalla banca, ma finanziati tramite l'emissione di titoli a 30 giorni. L'idea era di rifinanziare questi titoli ogni 30 giorni e guadagnare quindi sulla differenza tra l'alto rendimento della tranche dei mutui, per esempio 5%, e il basso costo dei titoli a 30 giorni, per esempio 1%.

Quando però i mutui cominciarono a non pagare, le perdite su queste tranche furono terribili, e allo stesso tempo diventò praticamente impossibile rifinanziare i titoli. Risultato: la banche furono costrette a ricomprare le tranche dai veicoli che avevano creato, peggiorando leva e liquidità proprio nel momento peggiore della crisi.

Da questa descrizione si comprende che il problema è stato proprio nel fatto di non usare la cartolarizzazione per il motivo per cui era stata creata, ovvero portare i rischi al di fuori dalle banche. Ci sono state infatti anche banche, più furbe delle altre, che si sono tenute ben lontane dalle tranche delle cartolarizzazioni e hanno evitato così questo problema (ma non tutti gli altri che lo scatenarsi della crisi portò con sé).

La stima dei costi della compliance per il settore bancario è basata sui dati del report annual di Duff&Phelps, consultabile al link:

https://www.duffandphelps.com/-/media/assets/pdfs/publications/compliance-and-regulatory-consulting/global-regulatory-outlook-2018.ashx?la=en&hash=47D2FC3424CF6DDF4657435570A-789E23A2090EF

Per quanto riguarda la debolezza delle banche di fronte alle prossime crisi, per me è una riflessione corroborata più dalla storia delle crisi bancarie negli ultimi secoli che dall'attuale situazione del sistema bancario. Esistono comunque anche degli studi che sottolineano le debolezze dell'attuale situazione, come lo studio McKinsey disponibile al link:

https://www.mckinsey.com/industries/financial-services/our-insights/global-banking-annual-review-2019-the-last-pit-stop-time-for-bold-late-cycle-moves

Capitolo 3

Questo capitolo descrive una parte della realtà che vivo lavorando in una startup fintech, quindi mi è più difficile identificare le fonti perché si tratta di letture o conversazioni che magari ho fatto anni prima di scrivere questo libro.

Questo è vero soprattutto per la parte di marketplace lending su cui lavoro ogni giorno in Soisy. Ci sono comunque alcune fonti interessanti per chi si volesse avvicinare alla materia, come i report annuali del Cambridge Centre for Alternative Finance e del Politecnico di Milano sul crowdfunding nel mondo e in Italia. Questi report sono anche la fonte dei dati riportati nel capitolo.

Sul tema più generale del successo dei modelli di business basati sul concetto di piattaforma, e quindi che, come Airbnb o gli attori del marketplace lending, cercano di orchestrare un network più che accumulare risorse, consiglio di leggere *The Network Imperative: How to Survive and Grow in the Age of Digital Business* di Barry Libert, Megan Beck e Yoram Wind.

Il concetto di marketplace banking non è di mia invenzione, e può essere trovato in diversi materiali disponibili su internet come il White paper disponibile a questo link:

http://www.bankingtech.com/files/2017/09/Five-Degrees_From-traditional-bank-to-marketplace-bank.pdf.

Va detto però che la definizione che ne do in questo libro è più ampia e comprende di fatto una buona parte dell'ecosistema fintech.

Alla base di queste considerazioni c'è comunque l'osservazione sulla rilevanza della specializzazione per il mondo fintech. Ho fatto le prime osservazioni su questo fenomeno quando ho cominciato a lavorare su Soisy: mi aveva colpito subito l'ambizione delle fintech di specializzarsi "verticalmente" su nicchie anche molto piccole. Una spiegazione molto chiara del perché le startup (non solo fintech) si specializzino è data da Steve Blank in *The Four Steps to the Epiphany*, un libro fondamentale per ogni imprenditore digitale, anche se purtroppo non di facile lettura.

Per la comprensione di come il movimento Fintech si inserisca nella più ampia transizione verso il digitale sono state molto rilevanti le conversazioni con le persone che si occupano di tecnologia in Soisy, soprattutto Ciccio, Simone e Alberto.

Infine, nel testo faccio riferimento ai dubbi sull'effettiva applicabilità della PSD2. Sgombro subito il campo da possibili dubbi: sono un fan della portabilità dei dati anche al di fuori del contesto finanziario e mi ritrovo quindi pienamente nello spirito della Direttiva.

Il primo dubbio è più legato alle scelte implementative: si è deciso di creare nuovi standard invece che appoggiarsi a quelli già presenti nel mondo digitale. Questo dà un ruolo molto rilevante ad alcuni operatori che sono riusciti a porsi come "integratori" delle informazioni delle diverse banche, creando di fatto standard privati ai quali gli operatori finanziari devono adeguarsi, il che rischia di rendere fragile e poco efficiente l'intero ecosistema.

C'è poi un secondo ordine di dubbi, legato alle scelte dei clienti. Si tratta, come ho scritto nel testo, di una norma che può rivoluzionare le abitudini dei clienti, che si troveranno sempre più spesso l'opzione di concedere l'accesso ai propri dati a operatori diversi dalla loro banca tradizionale. Sarà una rivoluzione che i clienti saranno interessati a cogliere? Probabilmente sì, ma è possibile che ci vogliano anni per una piena adozione.

Capitolo 4

Per la descrizione della fusione AOL-Time Warner e della crisi delle dot-com mi sono basato sulla letture degli articoli dell'epoca, soprattutto dell'Economist.

L'idea che Amazon potesse non sopravvivere alla crisi è suggerita da Brad Stone in *The Everything Store: Jeff Bezos and the Age of Amazon*

L'osservazione sulla differenza tra l'andamento della crisi delle dot.com e la Grande Crisi è abbastanza diffusa e non saprei attribuirne la paternità. Un'interessante ricerca in ambito accademico è contenuta in *Bubbles, Banks, and Financial Stability* di Kosuke Aoki e Kalin Nikolov. Da notare comunque che il diverso coinvolgimento del settore bancario nelle due crisi non è l'unico fattore alla base del diverso percorso seguito. Per esempio Amir Sufi e Atif Mian in *Why the Housing Bubble Tanked the Economy And the Tech Bubble Didn't* sottolineano l'importanza del diverso comportamento di spesa dei consumatori, senza per questo togliere validità ad altri fattori.

I numeri sulla rilevanza dell'impatto delle due crisi vengono da questo stesso articolo.

L'idea centrale del capitolo, e del libro di cui è il cuore, mi è venuta nell'estate del 2018 leggendo in parallelo *Crashed* di Adam Tooze e questo articolo dell'Economist in occasione del decennale del fallimento di Lehman Brothers

https://www.economist.com/briefing/2018/09/06/lehman-ten-years-on-more-has-changed-than-meets-the-eye

Mi è venuto naturale riflettere su come si sarebbe potuta svolgere la Grande Crisi in un mondo dove le banche non potessero prestare usando la leva finanziaria e da lì progressivamente le altre idee contenute in questo manifesto.

I dati sugli insoluti nel consumer lending USA sono basati su un report Transunion 2018 che analizza il comportamento di diversi prodotti finanziari nel 2008, una cui sintesi può essere trovata a questo link:

https://www.globenewswire.com/news-release/2018/08/22/1554976/0/en/Financial-Crisis-10-Years-Later-Consumer-Credit-Market-on-an-Upward-Curve.html

Per la trattazione sul funzionamento delle banche centrali ho fatto riferimento a *Modern Money Mechanics*, della Federal Reserve Bank of Chicago.

Una prospettiva storica del ruolo e degli strumenti utilizzati dalle banche centrali può essere trovata in *Central Banks: evolution and innovation in historical perspective*, di Michael D. Bordo e Pierre L. Siklos.

Per un'idea più precisa di come funzionano le politiche perseguite dalle banche centrali è molto interessante leggere le minute delle riunioni dei rispettivi board, disponibili sia per la ECB che per la FED

https://www.ecb.europa.eu/press/accounts/2019/html/ecb.mg191010~d8086505d0.en.html

https://www.federalreserve.gov/monetarypolicy/fomccalendars.htm

CAPITOLO 5

L'aneddoto sulle difficoltà create dalla circolazione dei cavalli prima dell'invenzione del motore a scoppio è stato riportato da Stephen Davies nell'articolo disponibile a questo link, che contiene anche le relative fonti.

https://fee.org/articles/the-great-horse-manure-crisis-of-1894/

La storia di come AIG si sia ritrovata ad assicurare i rischi di buona parte del sistema finanziario è raccontata in tutti i principali libri sulla Grande Recessione, compresi quelli già citati a questo proposito nel capitolo 2.

Per un'idea della cultura finanziari degli investitori, e quindi dei rischi che corrono quando confrontati con malintenzionati, un'analisi molto interessante è contenuta nell'ultimo *Report on financial investments of Italian households di Consob*, disponibile a questo link
http://www.consob.it/web/consob-and-its-activities/rf2017

Un'estesa discussione del ruolo delle banche centrali è quella presentata in *Unelected Power* di Paul Tucker. La presentazione del libro presso il centro studi Bruegel può essere trovata a questo link
https://bruegel.org/events/unelected-power-the-quest-for-legitimacy-in-central-banking-and-the-regulatory-state/

Questi 3 articoli danno un'idea invece dell'estensione e della politicizzazione del dibattito attorno all'attuale ruolo delle banche centrali.
https://www.economist.com/finance-and-economics/2019/10/03/can-germany-cool-its-monetary-policy-debate
https://www.economist.com/finance-and-economics/2019/04/13/how-not-to-weaken-central-banks-independence
https://www.theguardian.com/commentisfree/2019/sep/12/central-banks-political-independence-monetary-fiscal-policy

Un buon esempio di come la mancanza di un'adeguata legislazione fallimentare aumenti inutilmente i rischi per i clienti finanziatori è data dalla vicenda di Trustbuddy, la piattaforma svedese fallita nel 2015.

Come emerge dagli articoli riportati di seguito, non ci sono dubbi sulla regolarità dei contratti di prestito, sui diritti dei finanziatori e sulla qualità dei crediti. Ciononostante, il recupero delle somme è molto lento e costerà caro ai finanziatori, perché non era stato previsto nessun meccanismo preventivo in caso di fallimento.

https://www.p2pfinancenews.co.uk/2019/07/15/did-institutional-investors-kill-trustbuddy/

https://www.treasurers.org/node/315885

https://digital.di.se/artikel/trustbuddys-anvandare-lana-de-ut-280-miljoner-bara-15-procent-har-aterfatts

La normativa che istituisce e regola gli Istituti di Pagamento è la Payment Services Directive 1, recentemente riemessa come Payment Services Directive 2. Entrambe sono consultabili sul sito della Commissione Europea a questo link

https://ec.europa.eu/info/law/payment-services-psd-2-directive-eu-2015-2366/law-details_en

Il problema nel trattamento delle fiscalità anticipate e delle immobilizzazioni immateriali si genera perché la PSD2 rimanda alla normativa sul capitale delle banche, la Credit Risk Regulation, consultabile a questo link

https://eur-lex.europa.eu/legal-content/EN/TXT/PDF/?uri=CELEX:32019R0876&from=BG

Le fiscalità anticipate sono i "crediti" che una società in perdita vanta nei confronti del fisco e che potranno essere utilizzati quando sarà in utile. Le immobilizzazioni immateriali sono la valorizzazione in bilancio degli investimenti di tipo immateriale, come quelli fatti per sviluppare la tecnologia. La CRR impone di dedurre entrambe le categorie dal calcolo del capitale proprio, che rileva ai fini del requisito minimo di capitale. Mentre per una società già avviata questa può essere una misura sensata da un punto di vista prudenziale, per una in fase di startup, dove entrambe le voci sono molto rilevanti e che pone rischi sistemici molto limitati, sembra una misura eccessiva e che può limitare il livello di innovazione.

Per quanto riguarda il tema della mancanza di *skin on the game* delle piattaforme, si tratta di un'accusa ricorrente tra gli analisti che si occupano di marketplace lending, come emerge per esempio in questo articolo del Wall Street Journal

https://www.wsj.com/articles/lending-clubs-loose-door-policy-heard-on-the-street-1424282693,

ma è anche un tema dibattuto all'interno del mondo del peer to peer, come testimonia questo articolo

https://p2pmarketdata.com/what-is-p2p-lending-skin-in-the-game/

Capitolo 6

L'esempio del Bitcoin, per quanto abbastanza marginale rispetto all'argomentazione del libro, è stato sicuramente quello che ha acceso di più gli animi tra i primi lettori. Da un certo punto di vista la cosa non mi ha stupito, perché ho notato che il Bitcoin ha la capacità di eccitare la passione nelle persone come niente altro legato alla finanza, il che è sicuramente un punto a suo favore.

Mi sembra quindi necessaria un'argomentazione più estesa del tema per evitare incomprensioni.

L'obiettivo esplicito del Bitcoin così come dichiarato nel paper originario di Satoshi, che per primo ha concepito l'idea della criptovaluta (https://bitcoin.org/bitcoin.pdf), era di rendere i pagamenti indipendenti da qualsiasi tipo di autorità centrale, e quindi privi di incertezze, frodi e dei costi necessari a evitarle.

Questo obiettivo originale non è stato per il momento raggiunto, come risulta evidente dagli scarsissimi volumi di transazioni commerciali in Bitcoin (riportarti per esempio in questo articolo di Bloomberg https://www.bloomberg.com/news/articles/2019-05-31/bitcoin-s-rally-masks-uncomfortable-fact-almost-nobody-uses-it).

Questi sono i dati in base ai quali sostengo che per il momento il Bitcoin non abbia ottenuto i suoi obiettivi.

Ritengo inoltre che continuerà a non ottenerli, per diversi motivi.

Il primo è che il suo valore è troppo volatile, quindi è difficile che riesca a imporsi come unità di scambio.

Il secondo è l'ostilità delle autorità monetarie, che temono che la sua adozione potrebbe creare una moneta parallela fuori dal loro controllo. A mio parere si tratta di timori giustificati, innanzitutto perché le criptovalute non hanno una governance adeguata. La politica monetaria delle valute fiat (come l'euro o il dollaro) viene decisa da tecnici nominati organi elettivi, come il Parlamento o il Governo. Il sistema può piacere o meno, ma ha il vantaggio di poter essere cambiato in ogni momento da politici democraticamente eletti, cosa che nessuna criptovaluta può garantire. Inoltre per il Bitcoin esiste un problema ancora più forte: è stato disegnato per diventare sempre più scarso nel tempo e quindi con una politica monetaria già decisa dall'origine. Una politica monetaria però che, fissando il numero massimo di bitcoin che possono essere creati, ha un effetto deflattivo che sarebbe deleterio per l'economia in caso di adozione diffusa.

Questa argomentazione lascia aperta la strada a un'adozione da parte delle stesse autorità monetarie, che potrebbero utilizzare la blockchain per registrare le transazioni in moneta elettronica. Questo è uno sviluppo possibile, anche se rimango dell'idea che sia più probabile un'adozione delle criptovalute per supportare l'utilizzo della blockchain in ambito non finanziario.

L'aneddoto che racconto sulla mia esperienza con una finanziaria è del tutto vero. Ho la percezione che da allora le cose siano cambiate molto e che le finanziarie si siano evolute nel loro rapporto con i clienti. Rimane però simbolo di un certo modo di fare finanza che non si è ancora estinto.

Il tema del diverso approccio allo sviluppo software in un mondo digitale è stato affrontato in tante conversazioni con gli sviluppatori software di Soisy, su tutti con Ciccio. I temi che tratto di sfuggita possono essere letti con grande livello di approfondimento in *The lean startup* di Eric Ries e *Understanding the Agile Manifesto* di Larry Apke.

Infine, il racconto completo della storia di Kodak, da cui ho tratto la breve sintesi che riporto, può essere letto in *Billion Dollar Lessons: What You Can Learn from the Most Inexcusable Business Failures of the Last 25 Years* di Chunka Mui, che l'ha riportata con un taglio lievemente diverso anche a questo link

https://www.forbes.com/sites/chunkamui/2012/01/18/how-kodak-failed/#68e245346f27

Riferimenti

Kosuke Aoki e Kalin Nikolov, *Bubbles, Banks, and Financial Stability*, No 11-E-24, IMES Discussion Paper Series, Institute for Monetary and Economic Studies, Bank of Japan

Larry Apke, *Understanding the Agile Manifesto*, KDP, 2015

Steve Blank, *The Four Steps to the Epiphany*, K & S Ranch, 2005

Michael D. Bordo e Pierre L. Siklos, *Central Banks: evolution and innovation in historical perspective*, NBER Working Papers 23847, National Bureau of Economic Research, Inc

Federal Reserve Bank of Chicago, *Modern Money Mechanics*, 2011

Niall Ferguson, *The Ascent of Money*, Penguin Group, 2008

Charles Kindleberger, *A Financial History of Western Europe*, HarperCollins Publishers Ltd, 1984

Michael Lewis, *The big short*, W.W. Norton, 2010

Barry Libert, Megan Beck e Yoram Wind, *The Network Imperative: How to Survive and Grow in the Age of Digital Business*, Harvard Business School Pr, 2016

Michael McLeay, Amar Radia e Ryland Thomas, *Money creation in the modern economy*, Viking Press, 2018

Chunka Mui e Paul Carroll, *Billion Dollar Lessons: What You Can Learn from the Most Inexcusable Business Failures of the Last 25 Years*, Penguin, 2009

Steven Pinker, *Enlightenment Now: The Case for Reason, Science, Humanism, and Progress*, Penguin Group USA, 2019

Carmen Reinhart e Kenneth Rogoff, *This time is different: Eight Centuries of financial folly*, Princeton Univ Press, 2009

Eric Ries, *The lean startup*, Crown Publishing Group, 2011

Andrew Ross Sorkin, *Too Big to Fail: The Inside Story of How Wall Street and Washington Fought to Save the Financial System--and Themselves,* Viking Press, 2009

Adam Smith, *Ricchezza delle nazioni*, a cura di A. Biagiotti e T. Biagiotti, UTET, 2013

Brad Stone, *The Everything Store: Jeff Bezos and the Age of Amazon,* Little Brown & Co, 2013

Amir Sufi e Atif Mian, *Why the Housing Bubble Tanked the Economy And the Tech Bubble Didn't*, fivethirtyeight.com, 2014

Adam Tooze, *Crashed,* Penguin Books Ltd, 2018

Paul Tucker, *Unelected Power,* Princeton Univ Press, 2018

www.ingramcontent.com/pod-product-compliance
Lightning Source LLC
Chambersburg PA
CBHW030717220526
45463CB00005B/2076